नरेंद्र मोदी के पाँच प्रण

नरेंद्र मोदी के पाँच प्रण

हिमांशु कुमार

प्रभात
प्रकाशन

प्रकाशक • **प्रभात प्रकाशन प्रा. लि.**
4/19 आसफ अली रोड,
नई दिल्ली–110002

संस्करण • प्रथम, 2023
मूल्य • तीन सौ पचास रुपए
मुद्रक • आर–टेक ऑफसेट प्रिंटर्स, दिल्ली

NARENDRA MODI KE PANCH PRANA

by Shri Himanshu Kumar ₹ 350.00
Published by Prabhat Prakashan Pvt. Ltd., 4/19 Asaf Ali Road, New Delhi-2
e-mail: prabhatbooks@gmail.com ISBN 978-93-95386-66-1

यह पुस्तक मैं
उन समस्त देशवासियों को
समर्पित करता हूँ,
जो मातृभूमि की सेवा तथा
इसके गौरव के लिए संकल्पित
और कर्मशील हैं।

अपनी बात

इस वर्ष 15 अगस्त, 2022 को प्रधानमंत्री नरेंद्र मोदी ने देश को विकास की चतुर्दिक् ऊँचाइयों पर ले जाने के लिए देशवासियों के बीच 'पाँच प्रण का बिगुल फूँका।' ये पाँच प्रण हैं—

बड़े संकल्प के साथ आगे बढ़ना है और वह बड़ा संकल्प एक 'विकसित भारत' का है; और अब हमें इससे कम किसी बात पर समझौता नहीं करना चाहिए।

दूसरा प्रण यह है कि हमारे अस्तित्व के किसी भी हिस्से में, हमारे मन या आदतों के सबसे गहरे कोनों में भी 'गुलामी का कोई अंश नहीं होना चाहिए।' इसे वहीं दबा देना चाहिए। सैकड़ों वर्षों की गुलामी ने हमें बाँधे रखा है, हमें अपनी भावनाओं को बाँधे रखने के लिए मजबूर किया है, हमारे अंदर विकृत सोच विकसित की है। हमें अपने आप को उस गुलामी की मानसिकता से मुक्त करना है, जो हमारे भीतर और आसपास असंख्य चीजों में दिखाई देती है। यह हमारी दूसरी प्राण-शक्ति है।

तीसरा प्रण यह है कि हमें अपनी 'विरासत पर गर्व' महसूस करना चाहिए; क्योंकि यह वही विरासत है, जिसने भारत को अतीत में स्वर्णिम काल दिया था और यही वह विरासत है, जिसमें समय के साथ खुद को बदलने की जन्मजात क्षमता है। यह समृद्ध विरासत है, जो ज्वार और समय की कसौटी पर खरी उतरती है। यह नए को गले लगाती है और इसलिए हमें इस विरासत पर गर्व होना चाहिए।

चौथा प्रण, जो समान रूप से महत्त्वपूर्ण है। वह है—'एकता और एकजुटता'। 130 करोड़ देशवासियों के बीच जब सद्भाव और सौहार्द होता है तो एकता उसका सबसे मजबूत गुण बन जाती है। 'एक भारत, श्रेष्ठ भारत'—चौथे प्रण के सपने को साकार करने के लिए एकीकृत पहलों में से एक है।

पाँचवाँ प्रण 'नागरिकों का कर्तव्य' है, जिससे प्रधानमंत्री, मुख्यमंत्री भी विमुख नहीं हो सकते; क्योंकि वे भी जिम्मेदार नागरिक हैं और राष्ट्र के प्रति उनका कर्तव्य है। यदि हम अगले 25 वर्षों के लिए अपने सपनों को प्राप्त करना चाहते हैं तो यह गुण महत्त्वपूर्ण जीवन-शक्ति बनने जा रहा है।

प्रधानमंत्री नरेंद्र मोदी के इन्हीं पाँच प्रणों को विस्तार देती एक रोचक, प्रेरक और संग्रहणीय पुस्तक।

—हिमांशु कुमार

अनुक्रम

पूर्व पीठिका :
नरेंद्र मोदी के पाँच प्रण

प्रधानमंत्री नरेंद्र मोदी ने राष्ट्रीय ध्वज फहराकर लाल किले की प्राचीर से स्वतंत्रता दिवस (15 अगस्त, 2022) पर राष्ट्र को संबोधित करते हुए जोर देकर कहा कि नए भारत के विकास के लिए पूरे देश में समावेशी विकास सुनिश्चित करने की आवश्यकता है।

प्रधानमंत्री ने कहा, "आजादी की खोज में गुलामी का पूरा समय संघर्ष में ही बीता। भारत का कोई भी हिस्सा या कोई भी कालखंड कई सदियों की गुलामी के खिलाफ स्वतंत्रता संग्राम से अछूता नहीं रहा। आज हम सभी देशवासियों के लिए ऐसे सभी बलिदानी वीरों को नमन करने का अवसर है। समस्त देशवासी महात्मा गांधी, नेताजी सुभाष चंद्र बोस, बाबासाहेब आंबेडकर और वीर सावरकर के ऋणी हैं, जिन्होंने अपना पूरा जीवन राष्ट्र के प्रति कर्तव्य-पथ पर समर्पित कर दिया।

यह देश मंगल पांडे, तात्या टोपे, भगत सिंह, सुखदेव, राजगुरु, चंद्रशेखर आजाद, अशफाक उल्ला खाँ, रामप्रसाद 'बिस्मिल' और हमारे ऐसे अनगिनत क्रांतिकारियों का आभारी है, जिन्होंने ब्रिटिश शासन की नींव हिला दी। यह राष्ट्र उन बहादुर महिलाओं का आभारी है, चाहे वह रानी लक्ष्मीबाई हों या झलकारी बाई, दुर्गा भाभी, रानी गाइडिन्ल्यू, रानी चेन्नम्मा, बेगम हजरत महल या वेलु नचियार हों, जिन्होंने भारत की नारी-शक्ति का परिचय दिया। डॉ. राजेंद्र प्रसाद, पं. नेहरू, सरदार वल्लभभाई पटेल, श्यामा प्रसाद मुकर्जी, लाल बहादुर शास्त्री,

दीनदयाल उपाध्याय, जयप्रकाश नारायण, राममनोहर लोहिया, आचार्य विनोबा भावे, नानाजी देशमुख जैसे अनगिनत महापुरुषों को श्रद्धांजलि देने का आज का अवसर है।

जब हम स्वतंत्रता संग्राम की बात करते हैं तो हम जंगलों में रहनेवाले अपने आदिवासी समाज को स्वीकार करना नहीं भूल सकते। भगवान् बिरसा मुंडा, सिद्धू-कान्हू, अल्लूरि सीताराम राजू, गोविंद गुरु जैसे अनगिनत नाम हैं, जो स्वतंत्रता आंदोलन की आवाज बने और मेरे आदिवासी भाइयों व बहनों, माताओं एवं युवाओं को मातृभूमि के लिए जीने और मरने के लिए प्रेरित किया। यह देश का सौभाग्य रहा है कि स्वतंत्रता संग्राम के कई पहलू रहे हैं। एक ऐसा ही पहलू था, जब नारायण गुरु, स्वामी विवेकानंद, महर्षि अरविंद, रवींद्रनाथ टैगोर जैसे कई महापुरुषों ने भारत के कोने-कोने और हर गाँव में भारत की चेतना को जगाया और इस चेतना को जीवित रखा।

देश आजादी का 'अमृत महोत्सव' मना रहा है। आजादी के 'अमृत महोत्सव' के लक्ष्यों के दायरे को बढ़ाने के लिए लोगों ने भारत के हर जिले, हर कोने में कार्यक्रम आयोजित किए।

देश आजादी का 'अमृत महोत्सव' मना रहा है। आजादी के 'अमृत महोत्सव' के लक्ष्यों के दायरे को बढ़ाने के लिए लोगों ने भारत के हर जिले, हर कोने में कार्यक्रम आयोजित किए। इतिहास में शायद यह पहली बार था कि एक ही उद्‌देश्य के लिए इतना बड़ा और व्यापक त्योहार मनाया गया। भारत के कोने-कोने में उन सभी महापुरुषों को याद करने का प्रयास किया गया, जिनका किन्हीं कारणों से इतिहास में उल्लेख नहीं मिला या जिन्हें भुला दिया गया। आज देश ने देश के कोने-कोने से ऐसे तमाम वीरों और महापुरुषों, निस्स्वार्थ वीरों को ढूँढ़कर उन्हें श्रद्धांजलि दी। 'अमृत महोत्सव' के दौरान इन सभी महापुरुषों को श्रद्धांजलि देने का यह एक अवसर था।

आज जब हम 'आजादी का अमृत महोत्सव' मना रहे हैं, यह उन लोगों

के योगदान को याद करने का अवसर है, जो देश के लिए जिए और पिछले 75 वर्षों के दौरान देश के लिए अपना जीवन समर्पित कर दिया, जिन्होंने देश की रक्षा की और देश के संकल्पों को पूरा किया; चाहे वे सेना के जवान हों, पुलिसकर्मी हों, नौकरशाह हों, जनप्रतिनिधि हों, स्थानीय स्वशासन के प्रशासक हों। आज हमें देश के उन करोड़ों नागरिकों के योगदान को भी याद करना चाहिए, जिन्होंने 75 वर्षों में विभिन्न चुनौतियों के बावजूद देश को आगे ले जाने के लिए हरसंभव प्रयास किया है।

75 वर्षों का यह सफर उतार-चढ़ाव से भरा रहा है। अच्छे और बुरे समय के साए में हमारे देशवासियों ने अनेक उपलब्धियाँ हासिल की हैं; उन्होंने प्रयास किए हैं और हार नहीं मानी है। उन्होंने संकल्पों को धूमिल नहीं होने दिया। यह सच है कि सैकड़ों वर्षों के औपनिवेशिक शासन ने भारत और भारतीयों की भावनाओं पर गहरे घाव किए थे; लेकिन भारतीयों ने अभाव और बदनामी के बावजूद राष्ट्र को पुनरुज्जीवित करने में कामयाबी हासिल की। जब स्वतंत्रता संग्राम अपने अंतिम चरण में था, देश को डराने और निराश करने के लिए सभी उपाय किए गए। ऐसी आशंकाएँ थीं कि आजादी के बाद जब अंग्रेज चले जाएँगे तो देश बिखर जाएगा और जर्जर हो जाएगा; लोग आंतरिक युद्ध लड़ते हुए मरेंगे; भारत अंधकारमय युग में प्रवेश करेगा। लेकिन उन्हें पता नहीं था कि यह भारत की धरती है। इस देश में सदियों से जीवित रहने और शक्तिशाली शासकों से परे भी प्रभाव डालने की असीमित क्षमता है।

75 वर्षों का यह सफर उतार-चढ़ाव से भरा रहा है। अच्छे और बुरे समय के साए में हमारे देशवासियों ने अनेक उपलब्धियाँ हासिल की हैं; उन्होंने प्रयास किए हैं और हार नहीं मानी है। उन्होंने संकल्पों को धूमिल नहीं होने दिया।

यह इस तरह की अपार क्षमताओं और लचीलेपन का परिणाम है कि हमारा राष्ट्र असंख्य प्रतिकूलताओं का सामना करने के बावजूद मजबूत हुआ है, चाहे वह खाद्य संकट हो या युद्ध। हमने आतंकवादी गतिविधियों से हमारे

सामने आईं चुनौतियों को निरस्त कर दिया है, जिसमें हमारे निर्दोष देशवासियों की जानें गई हैं। हमने छद्म युद्ध, प्राकृतिक आपदाओं, सफलताओं और असफलताओं, आशाओं और निराशाओं को सहा, फिर भी, ऐसे सभी मोड़ों पर निडर बने रहे। लेकिन इन दयनीय अवस्थाओं के बीच भी भारत निरंतर प्रगति कर रहा है। भारत की विविधता, जिसे दूसरे लोग कभी भारत के लिए बोझ समझते थे, भारत की अमूल्य शक्ति साबित होती है और इसकी शक्ति का प्रबल प्रमाण है।

दुनिया इस बात से अनजान थी कि भारत में मजबूत संस्कृति और मूल्यों की एक अंतर्निहित क्षमता है, जो मन और आत्मा में गहराई से अंतर्निहित विचारों का बंधन है; और वह है—भारत लोकतंत्र की जननी है। और जिन लोगों के मन में लोकतंत्र धड़कता है, वे जब दृढ़ निश्चय और संकल्प के साथ चलते हैं तो यह दुनिया की सबसे शक्तिशाली सल्तनतों के लिए कयामत है। लोकतंत्र की इस जननी, हमारे भारत ने सभी को साबित कर दिया है कि हमारे पास यह अमूल्य शक्ति है।

> ***दुनिया इस बात से अनजान थी कि भारत में मजबूत संस्कृति और मूल्यों की एक अंतर्निहित क्षमता है, जो मन और आत्मा में गहराई से अंतर्निहित विचारों का बंधन है; और वह है—भारत लोकतंत्र की जननी है।***

आशाओं, आकांक्षाओं, उतार-चढ़ावों के बीच 75 वर्षों के सफर में हम सबके प्रयास से ही हम इस मुकाम तक पहुँचे हैं। और जब वर्ष 2014 में मेरे देशवासियों ने मुझे यह जिम्मेदारी दी तो मैं आजाद भारत में जन्म लेनेवाला पहला भारतीय था, जिसे लाल किले की प्राचीर से मेरे प्यारे देशवासियों की महिमा का गुणगान करने का सौभाग्य प्राप्त हुआ। लेकिन आज मैंने जो कुछ भी सीखा है, वह आप सभी से है। मैं आपके सुख-दुःख को समझ पाया हूँ। मैं आपकी आत्मा को अपने देश के लिए आपकी आशाओं व आकांक्षाओं के बारे में पुकारते हुए महसूस कर सकता था।

मैंने अपने कार्यकाल के दौरान उन देशवासियों को सशक्त बनाने में खुद

को पूरी तरह से झोंक दिया, जो पीछे छूट गए और मुख्यधारा का हिस्सा बनने से वंचित रह गए। चाहे वे हाशिए पर हों; बहिष्कृत, शोषित, पीड़ित, वंचित, आदिवासी, महिलाएँ, युवा, किसान या दिव्यांग लोग हों। भारत के सुदूर पूर्व या पश्चिम, उत्तर या दक्षिण, समुद्र तल या हिमालय की चोटियों से, मैंने महात्मा गांधी के समावेश के दृष्टिकोण को पूरा करने के लिए खुद को समर्पित कर दिया है। मैंने आखिरी मील पर बैठे व्यक्ति को सशक्त बनाने और उत्थान करने के उसके दृष्टिकोण के लिए खुद को प्रतिबद्ध किया है। आजादी के कई दशकों के अनुभव के कारण मैं पिछले आठ वर्षों में इस मिशन का परिणाम देख सकता हूँ। हम आज अमृत महोत्सव के 75 वर्षों के गौरवशाली वर्ष की शुरुआत कर रहे हैं। इस अमृत काल की पहली सुबह मैं इस तरह के एक अत्यंत संपन्न राष्ट्र को देखकर गर्व से भर जाता हूँ।

> ***मैंने अपने कार्यकाल के दौरान उन देशवासियों को सशक्त बनाने में खुद को पूरी तरह से झोंक दिया, जो पीछे छूट गए और मुख्यधारा का हिस्सा बनने से वंचित रह गए। चाहे वे हाशिए पर हों; बहिष्कृत, शोषित, पीड़ित, वंचित, आदिवासी, महिलाएँ, युवा, किसान या दिव्यांग लोग हों।***

मैं आज सबसे बड़ा सौभाग्य देख रहा हूँ कि भारतीय एक आकांक्षी समाज के रूप में उभरे हैं। एक आकांक्षी समाज होना किसी भी राष्ट्र के लिए सबसे बड़ी संपत्ति है। और हमें गर्व है कि आज भारत का हर कोना, हमारे समाज का हर वर्ग और तबका आकांक्षाओं से भरा हुआ है।

देश का हर नागरिक चीजों को बदलना चाहता है, चीजों को बदलते देखना चाहता है; लेकिन इंतजार करने को तैयार नहीं है। वह चाहता है कि ये चीजें उसकी आँखों के सामने हों और वह इसे अपने कर्तव्य के हिस्से के रूप में करना चाहता है। वह गति चाहता है, वह प्रगति चाहता है। वह अपनी आँखों के सामने 75 वर्षों में सँजोए सभी सपनों को पूरा करने के लिए उत्सुक और उत्साहित है। इससे कुछ लोगों को परेशानी हो सकती है। क्योंकि जब आकांक्षी

समाज होता है तो सरकारों को भी तलवार की धार पर चलना पड़ता है और समय के साथ चलना भी पड़ता है। और मेरा मानना है कि चाहे वह केंद्र सरकार हो, राज्य सरकारें हों, स्थानीय स्वशासन की संस्थाएँ हों, चाहे किसी भी तरह की शासन-प्रणाली हो, सभी को इस आकांक्षी समाज को संबोधित करना है और हम उनकी आकांक्षाओं के लिए और अधिक इंतजार नहीं कर सकते। हमारे आकांक्षी समाज ने लंबे समय से इंतजार किया है। लेकिन अब वे अपनी आनेवाली पीढ़ियों को इंतजार में रहने के लिए मजबूर करने के लिए तैयार नहीं हैं और इसलिए, इस 'अमृत काल' की पहली सुबह हमारे लिए उस आकांक्षी समाज की आकांक्षाओं को पूरा करने का एक बड़ा सुनहरा अवसर लेकर आई है।

हाल ही में हमने एक ऐसी शक्ति को देखा व अनुभव किया है और वह है—भारत में सामूहिक चेतना का पुनर्जागरण। इस तरह की सामूहिक चेतना का पुनर्जागरण, स्वतंत्रता के लिए कितने संघर्षों का अमृत अब संरक्षित और संकलित किया जा रहा है, संकल्प में बदल रहा है। मुझे लगता है कि चेतना का यह जागरण, यह पुनर्जागरण हमारी सबसे बड़ी संपत्ति है।

इस चेतना का अनुभव तब हो सकता है, जब भारत का हर कोना 'जनता कर्फ्यू' का पालन करने के लिए आगे आए। जब ताली और बरतन बजाकर देश कोरोना योद्धाओं के साथ कंधे-से-कंधा मिलाकर खड़ा होता है तो चेतना का अहसास होता है।

इस चेतना का अनुभव तब हो सकता है, जब भारत का हर कोना 'जनता कर्फ्यू' का पालन करने के लिए आगे आए। जब ताली और बरतन बजाकर देश कोरोना योद्धाओं के साथ कंधे-से-कंधा मिलाकर खड़ा होता है तो चेतना का अहसास होता है। यह चेतना तब महसूस होती है, जब देश दीप जलाकर कोरोना योद्धाओं का अभिनंदन करने निकलता है। कोरोना के दौरान दुनिया इस असमंजस से जूझ रही थी कि वैक्सीन ली जाए या नहीं और टीके उपयोगी हैं या नहीं। उस समय मेरे देश के गाँवों के गरीब लोगों ने भी 200 करोड़ वैक्सीन

डोज लेकर दुनिया को चौंका दिया था। यह चेतना है; यही क्षमता है, जिसने आज देश को नई ताकत दी है।

मैं एक महत्त्वपूर्ण क्षमता देख सकता हूँ। एक आकांक्षी समाज की तरह, पुनर्जागरण की तरह, भारत के प्रति पूरी दुनिया का नजरिया उसी तरह आजादी के इतने दशकों के बाद बदल गया है। दुनिया भारत को गर्व और उम्मीद की नजर से देख रही है। दुनिया ने भारत की धरती पर समस्याओं का समाधान तलाशना शुरू कर दिया है। दुनिया में ये बदलाव, दुनिया की सोच में ये बदलाव हमारे पिछले 75 वर्षों के अनुभव और यात्रा का नतीजा है।

जिस तरह से हमने संकल्प के साथ आगे बढ़ना शुरू किया है, दुनिया देख रही है और आखिरकार दुनिया भी एक नई उम्मीद के साथ जी रही है। दुनिया को अहसास होने लगा है कि उम्मीदों को पूरा करने की ताकत असल में कहाँ है। मैं इसे ट्रिपल पावर या 'त्रि-शक्ति', यानी अभीप्सा, पुनर्जागृति और दुनिया की उम्मीदों के रूप में देखता हूँ। हम इस बात से पूरी तरह वाकिफ हैं, आज जागरण में मेरे देशवासियों की प्रमुख भूमिका है। 130 करोड़ देशवासियों ने कई दशकों के अनुभव के बाद दुनिया को एक स्थिर सरकार के महत्त्व, राजनीतिक स्थिरता की शक्ति तथा नीतियों में विश्वास कैसे विकसित होता है, यह दिखाया है। दुनिया भी अब इसे महसूस कर रही है। और अब, जब राजनीतिक स्थिरता, नीतियों में गतिशीलता, निर्णय लेने में गति, सर्वव्यापकता और सार्वभौमिक विश्वास है तो हर कोई विकास में भागीदार बन जाता है।

> ***मैं एक महत्त्वपूर्ण क्षमता देख सकता हूँ। एक आकांक्षी समाज की तरह, पुनर्जागरण की तरह, भारत के प्रति पूरी दुनिया का नजरिया उसी तरह आजादी के इतने दशकों के बाद बदल गया है।***

'सबका साथ, सबका विकास' के मंत्र से हमने अपने सफर की शुरुआत की थी; लेकिन धीरे-धीरे देशवासियों ने 'सबका साथ, सबका प्रयास' से इसमें और रंग भर दिए। इसलिए, हमने अपनी सामूहिक शक्ति और सामूहिक

क्षमता को देखा है। आज हर जिले में 75 अमृत सरोवर बनाने के अभियान के साथ 'आजादी का अमृत महोत्सव' मनाया जा रहा है। हर गाँव के लोग इस अभियान से जुड़ रहे हैं और अपनी सेवाएँ दे रहे हैं। लोग अपने-अपने प्रयासों से अपने-अपने गाँवों में जल संरक्षण के लिए व्यापक अभियान चला रहे हैं। चाहे स्वच्छता का अभियान हो या गरीबों के कल्याण का काम, आज देश पूरी ताकत से आगे बढ़ रहा है।

भले ही पिछले 75 साल अद्‌भुत रहे हों, विभिन्न चुनौतियों और कुछ अधूरे सपनों से भरे हुए हों, फिर भी अगले 25 साल हमारे देश के लिए बहुत महत्त्वपूर्ण हैं। और इसलिए, आज जब मैं 130 करोड़ देशवासियों की ताकत की बात कर रहा हूँ, लाल किले की प्राचीर से उनके सपनों को देख रहा हूँ और उनके संकल्पों को महसूस कर रहा हूँ, तो मेरा मानना है कि आनेवाले 25 वर्षों के लिए हमें अपना ध्यान 'पंच प्रण' पर केंद्रित करना चाहिए। आपको अपने संकल्प और शक्ति पर ध्यान देना होगा। और हमें वर्ष 2047 तक उन 'पंच प्रण' को अपनाकर स्वतंत्रता सेनानियों के सभी सपनों को पूरा करने की जिम्मेदारी लेनी चाहिए, जब देश स्वतंत्रता के 100 वर्ष मनाएगा।

'पंच प्रण' की बात करें तो देश के लिए पहला संकल्प बड़े संकल्प के साथ आगे बढ़ना है। और वह बड़ा संकल्प एक 'विकसित भारत' का है; और अब हमें इससे कम किसी बात पर समझौता नहीं करना चाहिए।

पंच प्रण

'पंच प्रण' की बात करें तो देश के लिए पहला संकल्प बड़े संकल्प के साथ आगे बढ़ना है। और वह बड़ा संकल्प एक 'विकसित भारत' का है; और अब हमें इससे कम किसी बात पर समझौता नहीं करना चाहिए। दूसरा प्रण यह है कि हमारे अस्तित्व के किसी भी हिस्से में, हमारे मन या आदतों के सबसे गहरे कोनों में भी 'गुलामी का कोई अंश नहीं होना' चाहिए। इसे वहीं दबा देना

चाहिए। अब 100 प्रतिशत इस सैकड़ों साल की गुलामी ने हमें बाँधे रखा है, हमें अपनी भावनाओं को बाँधे रखने के लिए मजबूर किया है, हमारे अंदर विकृत सोच विकसित की है। हमें अपने आप को उस गुलामी की मानसिकता से मुक्त करना है, जो हमारे भीतर और आसपास असंख्य चीजों में दिखाई देती है। यह हमारी दूसरी प्राण-शक्ति है।

तीसरा प्रण यह है कि हमें अपनी 'विरासत पर गर्व' महसूस करना चाहिए। चूँकि यह वही विरासत है, जिसने भारत को अतीत में स्वर्णिम काल दिया था और यही वह विरासत है, जिसमें समय के साथ खुद को बदलने की जन्मजात क्षमता है। यह समृद्ध विरासत है, जो ज्वार और समय की कसौटी पर खरी उतरती है। यह नए को गले लगाती है और इसलिए, हमें इस विरासत पर गर्व होना चाहिए।

तीसरा प्रण यह है कि हमें अपनी 'विरासत पर गर्व' महसूस करना चाहिए। चूँकि यह वही विरासत है, जिसने भारत को अतीत में स्वर्णिम काल दिया था और यही वह विरासत है, जिसमें समय के साथ खुद को बदलने की जन्मजात क्षमता है।

चौथा प्रण, जो समान रूप से महत्त्वपूर्ण है, वह है 'एकता और एकजुटता'। 130 करोड़ देशवासियों के बीच जब सद्भाव और सौहार्द होता है तो एकता उसका सबसे मजबूत गुण बन जाती है। 'एक भारत, श्रेष्ठ भारत'—चौथे प्रण के सपने को साकार करने के लिए एकीकृत पहलों में से एक है।

पाँचवाँ प्रण 'नागरिकों का कर्तव्य' है, जिससे प्रधानमंत्री, मुख्यमंत्री भी अलग नहीं हो सकते, क्योंकि वे भी जिम्मेदार नागरिक हैं और राष्ट्र के प्रति उनका कर्तव्य है। यदि हम अगले 25 वर्षों के लिए अपने सपनों को प्राप्त करना चाहते हैं तो यह गुण महत्त्वपूर्ण जीवन-शक्ति बनने जा रहा है।

जब आपके सपने बड़े होते हैं तो आपका संकल्प भी बड़ा होता है और इसलिए, प्रयास भी बड़े होने चाहिए। ताकत भी काफी हद तक जुड़ जाती है। '40-42 के दौर को याद करें तो अब यह कल्पना करना मुश्किल है कि देश

विश्वासघाती ब्रिटिश शासन की बेड़ियों से कैसे निकला। किसी ने झाड़ू उठाई, किसी ने तकली को चुना, किसी ने सत्याग्रह का रास्ता चुना, किसी ने संघर्ष करना चुना तो किसी ने क्रांति की बहादुरी का रास्ता अपनाया। लेकिन सबका संकल्प बड़ा था—आजादी का। जरा देखिए उनके बड़े लक्ष्य की ताकत—उन्होंने हमारे लिए आजादी हासिल की। हम स्वतंत्र हुए। अगर उनका संकल्प छोटा और सीमित होता तो हम अपने संघर्ष और गुलामी के दिनों को लंबा कर देते; लेकिन उनकी अदम्य भावना और बड़े सपनों को नमन! हमने अंतत: अपनी स्वतंत्रता प्राप्त की।

स्वतंत्रता की इस 76वीं शुभ सुबह को जगाने के लिए हमें अगले 25 वर्षों में भारत को एक विकसित राष्ट्र बनाने का संकल्प लेना चाहिए। आज के सभी 20-22-25 वर्ष के युवा, जिन्हें मैं यहाँ देख सकता हूँ, स्वतंत्रता के गौरवशाली शताब्दी समारोह के साक्षी होंगे।

स्वतंत्रता की इस 76वीं शुभ सुबह को जगाने के लिए हमें अगले 25 वर्षों में भारत को एक विकसित राष्ट्र बनाने का संकल्प लेना चाहिए। आज के सभी 20-22-25 वर्ष के युवा, जिन्हें मैं यहाँ देख सकता हूँ, स्वतंत्रता के गौरवशाली शताब्दी समारोह के साक्षी होंगे। तब आपकी उम्र 50-55 साल होगी, यानी आपके जीवन का यह सुनहरा दौर, आपकी उम्र के ये 25-30 साल भारत के सपनों को पूरा करने का समय है। संकल्प लें और मेरे साथ चलें। दोस्तो! तिरंगे की शपथ लें और हम सभी पूरी ताकत से जुड़ें। यह हमारा महान् संकल्प होना चाहिए कि मेरा देश एक विकसित देश होगा। हम विकास के हर मापदंड में एक जन-केंद्रित प्रणाली विकसित करेंगे और हमारे केंद्र में हर इनसान और उसकी आशाएँ व आकांक्षाएँ होंगी। हम जानते हैं कि जब भारत बड़े संकल्प करता है तो उसे लागू भी करता है।

विकसित भारत का लक्ष्य

जब मैंने पहली बार अपने पहले भाषण के दौरान स्वच्छता की बात की

थी तो पूरे देश ने इसे अपनाया था। सब अपनी क्षमता के अनुसार स्वच्छता की ओर बढ़े और अब गंदगी के प्रति वैमनस्य है। यह वो देश है, जिसने यह किया है, कर रहा है और आगे भी करता रहेगा। जब दुनिया असमंजस में थी तो यही वह देश है, जिसने समयबद्ध तरीके से 200 करोड़ टीकाकरण के लक्ष्य को पार किया और पिछले सभी रिकॉर्ड तोड़ दिए। हम खाड़ी के ईंधन पर निर्भर हैं। हमने तय किया था कि बायो-ऑयल को और कैसे बढ़ाना है। 10 प्रतिशत इथेनॉल सम्मिश्रण एक बहुत बड़े सपने जैसा लग रहा था। पुराने अनुभव बताते हैं कि यह संभव नहीं था। लेकिन देश ने समय से पहले ही 10 प्रतिशत एथेनॉल ब्लेंडिंग के इस सपने को साकार कर लिया है।

इतने कम समय में 2.5 करोड़ लोगों को बिजली कनेक्शन देना कोई छोटा काम नहीं था; बल्कि देश ने इसे पूरा किया है। आज देश तेजी से लाखों परिवारों के घरों में 'नल से पानी' पहुँचा रहा है। भारत में आज खुले में शौच से मुक्ति संभव हो गई है।

इतने कम समय में 2.5 करोड़ लोगों को बिजली कनेक्शन देना कोई छोटा काम नहीं था; बल्कि देश ने इसे पूरा किया है। आज देश तेजी से लाखों परिवारों के घरों में 'नल से पानी' पहुँचा रहा है। भारत में आज खुले में शौच से मुक्ति संभव हो गई है।

अनुभव हमें बताता है कि हम एक बार ठान लेने के बाद अपने लक्ष्यों को प्राप्त कर सकते हैं। अक्षय ऊर्जा का लक्ष्य हो, देश में नए मेडिकल कॉलेज बनाने की मंशा हो या डॉक्टरों की टीम बनाने की, हर क्षेत्र में गति बहुत बढ़ गई है। और इसलिए, मैं कहता हूँ कि आनेवाले 25 साल बड़े संकल्पों वाले हों, यही हमारा जीवन हो और यही हमारा संकल्प हो।

गुलामी के हर अंश से मुक्ति

दूसरी बात, जो मैंने कही है, वह है—गुलामी की मानसिकता और देश का रवैया। भाइयो, दुनिया कब तक हमें सर्टिफिकेट देती रहेगी? कब तक हम

दुनिया के प्रमाण-पत्रों पर जिएँगे? क्या हम अपने स्वयं के मानक निर्धारित नहीं करेंगे? क्या 130 करोड़ लोगों का देश अपने मानकों को पार करने का प्रयास नहीं कर सकता? हमें किसी भी परिस्थिति में दूसरों की तरह दिखने की कोशिश नहीं करनी चाहिए। अपनी क्षमता के साथ विकसित होना हमारा स्वभाव होना चाहिए। हम गुलामी से आजादी चाहते हैं। हमारे मन में दूर सात समंदर के नीचे भी गुलामी की बात नहीं रहनी चाहिए। और मैं आशा की दृष्टि से देखता हूँ कि जिस तरह से विभिन्न लोगों के विचारों के आदान-प्रदान के साथ नई राष्ट्रीय शिक्षा नीति तैयार की गई है, वह देश की शिक्षा नीति के मूल में है। हमने जिस कौशल पर जोर दिया है, वह एक ऐसी शक्ति है, जो हमें गुलामी से मुक्त होने की ताकत देगी।

> ***हमने देखा है कि कभी-कभी हमारी प्रतिभा भाषा की बेड़ियों में बँध जाती है। यह गुलाम मानसिकता का परिणाम है। हमें अपने देश की हर भाषा पर गर्व होना चाहिए।***

हमने देखा है कि कभी-कभी हमारी प्रतिभा भाषा की बेड़ियों में बँध जाती है। यह गुलाम मानसिकता का परिणाम है। हमें अपने देश की हर भाषा पर गर्व होना चाहिए। हम भाषा जानते हों या न जानते हों, लेकिन हमें इस बात पर गर्व होना चाहिए कि यह मेरे देश की भाषा है और यह हमारे पूर्वजों द्वारा दुनिया को दी गई भाषा है।

आज हम 'डिजिटल इंडिया' की संरचना देख रहे हैं। हम स्टार्टअप्स को देख रहे हैं। ये लोग कौन हैं? यह प्रतिभाओं का वह पूल है, जो टियर-2 एवं टियर-3 शहरों में या गाँवों में रहता है और गरीब परिवारों से ताल्लुक रखता है। ये हमारे युवा हैं, जो आज नई खोजों के साथ दुनिया के सामने आ रहे हैं। हमें औपनिवेशिक युग की मानसिकता को छोड़ना होगा। इसके बजाय हमें अपनी क्षमताओं पर भरोसा करना चाहिए।

अपनी विरासत पर गर्व

दूसरे, हमें अपनी विरासत पर गर्व महसूस करना चाहिए। जब हम अपनी

जमीन से जुड़ेंगे, तभी हम ऊँची उड़ान भर पाएँगे और जब हम ऊँची उड़ान भरेंगे, तब दुनिया को भी समाधान दे पाएँगे। हमने प्रभाव देखा है, जब हम अपनी विरासत और संस्कृति पर गर्व करते हैं। आज दुनिया समग्र स्वास्थ्य देखभाल की बात कर रही है। लेकिन जब यह समग्र स्वास्थ्य देखभाल की बात करता है तो यह भारत के योग, भारत के आयुर्वेद और भारत की समग्र जीवन-शैली की ओर देखता है। यह हमारी विरासत है, जो हम दुनिया को प्रदान कर रहे हैं। आज दुनिया इससे प्रभावित हो रही है। अब देखिए हमारी ताकत। हम वे लोग हैं, जो प्रकृति के साथ रहना जानते हैं। हम प्रकृति से प्रेम करना जानते हैं। आज विश्व पर्यावरण संबंधी समस्याओं से जूझ रहा है। हमारे पास वह विरासत है और ग्लोबल वार्मिंग की समस्याओं का समाधान है। हमारे पूर्वजों ने हमें वही दिया है।

जब हम पर्यावरण के अनुकूल जीवन-शैली और जीवन मिशन के बारे में बात करते हैं तो हम दुनिया का ध्यान आकर्षित करते हैं। हमारे पास यह शक्ति है। मोटे धान और बाजरा घरेलू सामान हैं।

जब हम पर्यावरण के अनुकूल जीवन-शैली और जीवन मिशन के बारे में बात करते हैं तो हम दुनिया का ध्यान आकर्षित करते हैं। हमारे पास यह शक्ति है। मोटे धान और बाजरा घरेलू सामान हैं। यह हमारी विरासत है। हमारे छोटे किसानों की मेहनत से जमीन के छोटे-छोटे टुकड़ों पर धान फला-फूला। आज विश्व अंतरराष्ट्रीय स्तर पर 'बाजरा वर्ष' मनाने के लिए आगे बढ़ रहा है, यानी आज दुनिया भर में हमारी विरासत की सराहना हो रही है। आइए, इस पर गर्व करना सीखें। हमारे पास दुनिया को देने के लिए बहुत कुछ है।

जब सामाजिक तनाव की बात आती है तो लोग हमारे पारिवारिक मूल्यों की बात करते हैं; जब भी व्यक्तिगत तनाव की बात आती है तो लोग योग की बात करते हैं। जब सामूहिक तनाव की बात आती है तो लोग भारत की परिवार व्यवस्था की बात करते हैं। संयुक्त परिवार प्रणाली एक संपत्ति है। सदियों से हमारी माताओं व बहनों द्वारा किए गए बलिदानों के कारण 'संयुक्त परिवार

प्रणाली' एक विरासत के रूप में विकसित हुई है। यह हमारी विरासत है। हम इस विरासत पर गर्व कैसे नहीं कर सकते? हम वे लोग हैं, जो हर जीव में शिव को देखते हैं। हम वे लोग हैं, जो हर व्यक्ति में भगवान् नारायण को देखते हैं। हम वे लोग हैं, जो महिलाओं को 'नारायणी' कहते हैं। हम वे लोग हैं, जो पौधों में परमात्मा को देखते हैं। हम वे लोग हैं, जो नदियों को माँ मानते हैं। हम वे लोग हैं, जो हर कंकड़ में शंकर को देखते हैं। यह हमारी शक्ति है। हर नदी को माँ के रूप में देखना हमारी क्षमता है। पर्यावरण की ऐसी विशालता हमारा गौरव है! जब हमें ऐसी विरासत पर गर्व होगा तो दुनिया को भी इस पर गर्व होगा।

आज दुनिया एक ही उच्चता के रवैए—तमाम तनावों की वजह से पैदा हुए संघर्षों से घोर संकट का सामना कर रही है। इसे हल करने की बुद्धि हमारे पास है। हमारे विद्वानों ने 'एकं सद् विप्राः बहुधा वदन्ति' कहा है, जिसका अर्थ है कि परम सत्य एक है; लेकिन यह अलग तरह से प्रकट होता है।

हम वे लोग हैं, जिन्होंने दुनिया को 'वसुधैव कुटुंबकम्' का मंत्र दिया है। हम वे लोग हैं, जो 'एकं सद्विप्राः बहुधा वदन्ति' में विश्वास करते हैं।

आज दुनिया एक ही उच्चता के रवैए—तमाम तनावों की वजह से पैदा हुए संघर्षों से घोर संकट का सामना कर रही है। इसे हल करने की बुद्धि हमारे पास है। हमारे विद्वानों ने 'एकं सद् विप्राः बहुधा वदन्ति' कहा है, जिसका अर्थ है कि परम सत्य एक है; लेकिन यह अलग तरह से प्रकट होता है। यह हमारी महिमा है। हम ही हैं, जो कहते हैं, 'यत्पिण्डे तद् ब्रह्माण्डे', ऐसा बुद्धिमान विचार है कि ब्रह्मांड में जो कुछ भी है, वह हर जीवित प्राणी में है। हम ऐसे मानवीय मूल्यों के समर्थक थे।

हम वे लोग हैं, जिन्होंने दुनिया का कल्याण देखा है; हम न केवल अपने लोगों के लिए, बल्कि पूरी दुनिया के लिए 'सर्वे भवन्तु सुखिनः सर्वे सन्तु निरामयाः' में विश्वास करके सामूहिक भलाई और व्यक्तिगत भलाई के पथ पर हैं। यह हमारे मूल्यों में निहित है कि हम प्रार्थना करेंगे कि सभी समृद्ध

और सुखी हों, सभी रोग से मुक्त हों, सभी देखें कि क्या शुभ है और कोई भी पीड़ित न हो। सभी के सुख और अच्छे स्वास्थ्य की देखभाल करना हमारी विरासत है। इसलिए, हमें अपनी विरासत और मूल्य-प्रणाली का सम्मान तथा गर्व महसूस करना सीखना चाहिए। यह हमारे संकल्प की ताकत है, जो अगले 25 वर्षों में सपनों को साकार करने में महत्त्वपूर्ण होगी।

एकता और एकजुटता

एक और बहुत महत्त्वपूर्ण मुद्दा एकता और एकजुटता है। हमें अपने विशाल देश की विविधता का जश्न मनाने की जरूरत है। असंख्य परंपराओं और पंथों का शांतिपूर्ण सह-अस्तित्व हमारा गौरव है। हमारे लिए सब बराबर हैं। कोई भी हीन या श्रेष्ठ नहीं है; सब हमारे अपने हैं। एकता की यह भावना एकता के लिए महत्त्वपूर्ण है। हर घर में एकता की नींव तभी रखी जा सकती है, जब बेटा-बेटी में बराबरी हो। यदि परिवार अपनी पीढ़ियों में लैंगिक भेदभाव का बीज बोता है तो समाज में एकता की भावना कभी नहीं बुनी जा सकती। लैंगिक समानता हमारी पहली शर्त है। जब हम एकता की बात करते हैं तो क्यों न केवल एक पैरामीटर या मानक—'इंडिया फर्स्ट' का ही हो। मेरे सभी प्रयास, जो कुछ भी मैं सोच रहा हूँ, कह रहा हूँ या कल्पना कर रहा हूँ—वह 'इंडिया फर्स्ट' के अनुसार है। इस तरह, हम सभी के लिए एकता का रास्ता खोला जा सकता है।

एक और बहुत महत्त्वपूर्ण मुद्दा एकता और एकजुटता है। हमें अपने विशाल देश की विविधता का जश्न मनाने की जरूरत है। असंख्य परंपराओं और पंथों का शांतिपूर्ण सह-अस्तित्व हमारा गौरव है। हमारे लिए सब बराबर हैं। कोई भी हीन या श्रेष्ठ नहीं है; सब हमारे अपने हैं। एकता की यह भावना एकता के लिए महत्त्वपूर्ण है।

यह वह मंत्र है, जिसे हमें अपनाने की जरूरत है, ताकि हम सभी को एकता में बाँधा जा सके। मुझे पूरा विश्वास है कि इस प्रकार हम अपने समाज

में व्याप्त भेदभाव को कम कर सकते हैं। हम 'श्रमेव जयते' के मूल्य का समर्थन करते हैं, जिसका अर्थ है कि मजदूर का सम्मान करना हमारे स्वभाव में होना चाहिए।

लाल किले की प्राचीर से मैं अपना एक स्थायी दर्द भी साझा करना चाहता हूँ। मैं अपना दर्द बयाँ करने से खुद को रोक नहीं पा रहा हूँ। मुझे इस बात का ध्यान है कि यह लाल किले के मंच के अनुरूप नहीं हो सकता। लेकिन मैं फिर भी अपने देशवासियों के सामने अपनी गहरी पीड़ा व्यक्त करूँगा। मैं देशवासियों के सामने नहीं खुलूँगा तो आखिर कहाँ कहूँ? मैं जो साझा करना चाहता हूँ, वह यह है कि मुझे यह कहते हुए दु:ख होता है कि हमने अपने दैनिक बोलचाल एवं व्यवहार में विकृति देखी है। हम लापरवाही से ऐसी भाषा और शब्दों का प्रयोग कर रहे हैं, जो महिलाओं का अपमान कर रहे हैं।

लाल किले की प्राचीर से मैं अपना एक स्थायी दर्द भी साझा करना चाहता हूँ। मैं अपना दर्द बयाँ करने से खुद को रोक नहीं पा रहा हूँ। मुझे इस बात का ध्यान है कि यह लाल किले के मंच के अनुरूप नहीं हो सकता। लेकिन मैं फिर भी अपने देशवासियों के सामने अपनी गहरी पीड़ा व्यक्त करूँगा।

क्या हम अपने व्यवहार, संस्कृति और रोजमर्रा की जिंदगी में महिलाओं को अपमानित और अपमानित करनेवाली हर चीज से छुटकारा पाने की प्रतिज्ञा नहीं कर सकते? देश के सपनों को पूरा करने में महिलाओं का गौरव बहुत बड़ी संपत्ति बनने जा रहा है। मैं इस शक्ति को देखता हूँ और इसलिए, मैं इस पर अडिग हूँ।

नागरिकों में कर्तव्य की भावना

अब मैं पाँचवीं जीवन-शक्ति—प्राण-शक्ति—के बारे में बात करूँगा, जो नागरिकों के कर्तव्य हैं। दुनिया के उन सभी देशों को समझने की कोशिश करते हुए, जिन्होंने प्रगति की है; हर देश, जिसने कुछ हासिल किया है, यहाँ

तक कि निजी जीवन में भी कुछ चीजें सामने आई हैं। एक है अनुशासित जीवन और दूसरा है कर्तव्य के प्रति समर्पण। व्यक्ति के जीवन में, समाज के, परिवार के, राष्ट्र के जीवन में सफलता मिलनी चाहिए। यह मूल मार्ग और मौलिक प्राण-शक्ति है।

24 घंटे बिजली उपलब्ध कराने के लिए प्रयास करना सरकार का काम है; लेकिन यह नागरिक का कर्तव्य है कि वह अधिक-से-अधिक यूनिट की बचत करे। हर खेत में पानी की आपूर्ति करना सरकार की जिम्मेदारी और प्रयास है; लेकिन मेरे हर खेत से आवाज आनी चाहिए कि हम 'प्रति बूँद ज्यादा फसल' पर ध्यान देकर, पानी बचाकर आगे बढ़ेंगे। रसायन-मुक्त खेती, जैविक खेती और प्राकृतिक खेती करना हमारा कर्तव्य है। चाहे पुलिस हो या प्रजा, शासक हो या प्रशासक, इस नागरिक कर्तव्य से कोई भी अछूता नहीं रह सकता है। अगर हर कोई एक नागरिक के कर्तव्यों का पालन करता है तो मुझे यकीन है कि हम समय से पहले वांछित लक्ष्यों को प्राप्त कर सकते हैं।

> ***24 घंटे बिजली उपलब्ध कराने के लिए प्रयास करना सरकार का काम है; लेकिन यह नागरिक का कर्तव्य है कि वह अधिक-से-अधिक यूनिट की बचत करे। हर खेत में पानी की आपूर्ति करना सरकार की जिम्मेदारी और प्रयास है; लेकिन मेरे हर खेत से आवाज आनी चाहिए कि हम 'प्रति बूँद ज्यादा फसल' पर ध्यान देकर, पानी बचाकर आगे बढ़ेंगे।***

आज महर्षि अरविंद की जयंती भी है। मैं उन महापुरुष के चरणों में नतमस्तक हूँ। लेकिन हमें उस महान् व्यक्ति को याद करने की जरूरत है, जिन्होंने 'स्वदेशी को स्वराज' और 'स्वराज से सूरज' का आह्वान किया था। यही उनका मंत्र है। हम सभी को यह सोचने की जरूरत है कि हम कब तक दुनिया के दूसरे लोगों पर निर्भर रहेंगे। जब हमारे देश को खाद्यान्न की आवश्यकता हो तो क्या हम आउटसोर्स कर सकते हैं? जब देश ने तय किया कि हम अपनी खाद्य आवश्यकताओं को पूरा करेंगे तो देश ने इसका प्रदर्शन

किया या नहीं? एक बार संकल्प लेने के बाद यह संभव है। और इसलिए, 'आत्मनिर्भर भारत' हर नागरिक, हर सरकार और समाज की हर इकाई की जिम्मेदारी बन जाती है। 'आत्मनिर्भर भारत' कोई सरकारी एजेंडा या सरकारी कार्यक्रम नहीं है। यह समाज का जन-आंदोलन है, जिसे हमें आगे बढ़ाना है।

मेरे दोस्तो, आज हमने आजादी के 75 साल बाद यह आवाज सुनी, जिसे सुनने के लिए हमारे कान तरस रहे थे। 75 साल बाद पहली बार मेड इन इंडिया तोप ने लाल किले से तिरंगे को सलामी दी है। क्या कोई भारतीय होगा, जो इस ध्वनि से प्रेरित नहीं होगा?

> ***मैं 5 से 7 साल की उम्र के छोटे बच्चों को भी सलाम करना चाहता हूँ। देश की चेतना जाग्रत् हुई है। मैंने अनगिनत परिवारों से सुना है कि 5-7 साल के बच्चे अपने माता-पिता से कहते हैं कि वे विदेशी खिलौनों से नहीं खेलना चाहते। 5 साल का बच्चा जब ऐसा संकल्प करता है तो उसमें 'आत्मनिर्भर भारत' की भावना झलकती है।***

मैं 5 से 7 साल की उम्र के छोटे बच्चों को भी सलाम करना चाहता हूँ। देश की चेतना जाग्रत् हुई है। मैंने अनगिनत परिवारों से सुना है कि 5-7 साल के बच्चे अपने माता-पिता से कहते हैं कि वे विदेशी खिलौनों से नहीं खेलना चाहते। 5 साल का बच्चा जब ऐसा संकल्प करता है तो उसमें 'आत्मनिर्भर भारत' की भावना झलकती है।

दुनिया भर से लोग अपनी किस्मत आजमाने भारत आ रहे हैं। वे अपने साथ नई तकनीक ला रहे हैं। वे रोजगार के नए अवसर पैदा कर रहे हैं। भारत मैन्युफैक्चरिंग हब बनता जा रहा है। यह 'आत्मनिर्भर भारत' की नींव बना रहा है। इलेक्ट्रॉनिक सामान का निर्माण हो या मोबाइल फोन, आज देश बहुत तेज गति से आगे बढ़ रहा है। जब हमारे 'ब्रह्मोस' को दुनिया में निर्यात किया जाता है तो किस भारतीय को गर्व नहीं होगा! आज वंदे भारत ट्रेन और हमारे मेट्रो कोच दुनिया के लिए आकर्षण की वस्तु बनते जा रहे हैं।

हमें ऊर्जा क्षेत्र में आत्मनिर्भर बनना है। ऊर्जा के क्षेत्र में हम कब तक दूसरों

पर निर्भर रहेंगे? हमें सौर ऊर्जा, पवन ऊर्जा और विभिन्न अन्य नवीकरणीय ऊर्जा स्रोतों, जैसे—मिशन हाइड्रोजन, जैव ईंधन और इलेक्ट्रिक वाहनों के क्षेत्र में आत्मनिर्भर होना चाहिए।

आज प्राकृतिक खेती भी आत्मनिर्भर बनने का एक तरीका है। आज नैनो फर्टिलाइजर की फैक्टरियाँ देश में एक नई उम्मीद लेकर आई हैं। लेकिन प्राकृतिक खेती और रसायन-मुक्त खेती आत्मनिर्भरता को बढ़ावा दे सकती है। आज देश में हरित रोजगार के रूप में रोजगार के नए अवसर बहुत तेजी से खुल रहे हैं। भारत ने अपनी नीतियों के जरिए 'स्पेस' खोल दिया है। भारत दुनिया में ड्रोन को लेकर सबसे प्रगतिशील नीति लेकर आया है। हमने देश के युवाओं के लिए अवसरों के नए द्वार खोले हैं।

> ***आज प्राकृतिक खेती भी आत्मनिर्भर बनने का एक तरीका है। आज नैनो फर्टिलाइजर की फैक्टरियाँ देश में एक नई उम्मीद लेकर आई हैं। लेकिन प्राकृतिक खेती और रसायन-मुक्त खेती आत्मनिर्भरता को बढ़ावा दे सकती है।***

मैं निजी क्षेत्र से भी आगे आने का आह्वान करता हूँ। हमें दुनिया पर हावी होना है। 'आत्मनिर्भर भारत' का एक सपना यह सुनिश्चित करना है कि भारत दुनिया की जरूरतों को पूरा करने में पीछे न रहे। चाहे वह एम.एस.एम.ई. ही क्यों न हो, हमें अपने उत्पादों को 'जीरो डिफेक्ट-जीरो इफेक्ट' के साथ दुनिया तक ले जाना होगा। हमें स्वदेशी पर गर्व होना चाहिए।

तो आइए दोस्तो, अपनी जिम्मेदारी के साथ आगे बढ़ते हैं। आज मैं हमें संघीय ढाँचा देने के लिए भारत के संविधान निर्माताओं को भी धन्यवाद देना चाहता हूँ। इस 'अमृत काल' में इस भावना को बनाए रखते हुए और इसकी भावनाओं का सम्मान करते हुए हम कंधे-से-कंधा मिलाकर चलेंगे तो हमारे सपने साकार होंगे। कार्यक्रम भिन्न हो सकते हैं, कार्यशैली भिन्न हो सकती है; लेकिन संकल्प भिन्न नहीं हो सकते, राष्ट्र के लिए सपने भिन्न नहीं हो सकते।

आइए, ऐसे युग की ओर बढ़ते हैं। मुझे याद है कि जब मैं गुजरात का

मुख्यमंत्री था, तब केंद्र की सरकार हमारी विचारधारा से संबंधित नहीं थी। लेकिन मैं एक ही मंत्र का पालन करता था कि गुजरात की प्रगति भारत की प्रगति के लिए है। हम जहाँ भी हों, भारत की प्रगति हमारे दिल के केंद्र में होनी चाहिए। हमारे देश के कई राज्य हैं, जिन्होंने देश को आगे ले जाने में बड़ी भूमिका निभाई है, कई क्षेत्रों में नेतृत्व किया है और उदाहरण के तौर पर काम किया है। इससे हमारे संघवाद को मजबूती मिलती है। लेकिन आज समय की माँग है कि हमें सहकारी संघवाद के साथ-साथ सहकारी प्रतिस्पर्धी संघवाद की भी जरूरत है। हमें विकास के लिए प्रतिस्पर्धा की जरूरत है।

> ***जब हम अमृत काल के 25 वर्षों की बात करते हैं तो मुझे पता है कि इसमें कई चुनौतियाँ, सीमाएँ और समस्याएँ होंगी। हम इन्हें कम नहीं आँकते। हम रास्ते खोजते रहते हैं और लगातार प्रयास कर रहे हैं। लेकिन मैं यहाँ दो बातों पर चर्चा करना चाहता हूँ।***

जब हम अमृत काल के 25 वर्षों की बात करते हैं तो मुझे पता है कि इसमें कई चुनौतियाँ, सीमाएँ और समस्याएँ होंगी। हम इन्हें कम नहीं आँकते। हम रास्ते खोजते रहते हैं और लगातार प्रयास कर रहे हैं। लेकिन मैं यहाँ दो बातों पर चर्चा करना चाहता हूँ। एक है भ्रष्टाचार और दूसरा है भाई-भतीजावाद तथा वंशवाद। भारत जैसे लोकतंत्र में जहाँ लोग गरीबी से जूझ रहे हैं और उनके पास रहने के लिए जगह नहीं है, वहाँ ऐसे लोग भी हैं, जिनके पास अपना काला धन रखने की जगह नहीं है। यह आदर्श स्थिति नहीं है, इसलिए हमें पूरी ताकत से भ्रष्टाचार के खिलाफ लड़ना होगा। मैं स्पष्ट रूप से देख सकता हूँ कि हम भ्रष्टाचार के खिलाफ एक महत्त्वपूर्ण दौर में प्रवेश कर रहे हैं। बड़े लोग भी नहीं बच पाएँगे। इसी भावना के साथ भारत अब भ्रष्टाचार के खिलाफ निर्णायक दौर में कदम रख रहा है।

भ्रष्टाचार से आम नागरिकों का जीवन बरबाद हो गया है। इसलिए, मैं यह सुनिश्चित करना चाहता हूँ कि आम नागरिक एक बार फिर से सम्मान के साथ जीने में सक्षम हो। यह बड़ी चिंता का विषय है कि देश में भ्रष्टाचार का

घिनौनापन भले ही दिखाई दे और व्यक्त हो, लेकिन कभी-कभी भ्रष्टाचारियों के प्रति उदारता दिखाई जाती है, जो किसी भी देश में स्वीकार्य नहीं है। और बहुत से लोग इतने बेशर्म हो गए हैं कि अदालत में दोषी ठहराए जाने के बावजूद, भ्रष्ट साबित होने के बावजूद, कारावास की सजा सुनाए जाने के बाद भी जेल में सेवा करते हुए वे महिमामंडित करते हैं, गर्व करते हैं और अपनी स्थिति को बढ़ाते रहते हैं।

उजागर करने का एक और बिंदु बड़े पैमाने पर भाई-भतीजावाद है। और जब भी मैं भाई-भतीजावाद या वंशवाद की बात करता हूँ तो लोग सोचते हैं कि मैं केवल राजनीति के संदर्भ में बात कर रहा हूँ। बिल्कुल भी नहीं। दुर्भाग्य से, अन्य भारतीय संस्थानों में भी इसका पोषण किया जा रहा है।

जब तक समाज में गंदगी के प्रति घृणा नहीं होगी, स्वच्छता के प्रति चेतना नहीं उठेगी, जब तक हम भ्रष्ट और भ्रष्टाचार के प्रति घृणा विकसित नहीं करेंगे, जब तक हम इन लोगों को सामाजिक शर्मिंदगी में नहीं डालेंगे, तब तक ऐसी मानसिकता नहीं बदलेगी। और इसलिए, हमें भ्रष्टाचार और भ्रष्ट लोगों के प्रति बहुत जागरूक रहने की जरूरत है।

उजागर करने का एक और बिंदु बड़े पैमाने पर भाई-भतीजावाद है। और जब भी मैं भाई-भतीजावाद या वंशवाद की बात करता हूँ तो लोग सोचते हैं कि मैं केवल राजनीति के संदर्भ में बात कर रहा हूँ। बिल्कुल भी नहीं। दुर्भाग्य से, अन्य भारतीय संस्थानों में भी इसका पोषण किया जा रहा है। पारिवारिक पूर्वग्रह, भाई-भतीजावाद ने आज हमारे कई संस्थानों को जकड़ लिया है। यह दुःखद रूप से हमारे देश के विशाल टैलेंट पूल को नुकसान पहुँचा रहा है। मेरे देश की भविष्य की संभावनाओं को नुकसान हो रहा है। जो लोग इन अवसरों के वैध दावेदार हैं और वास्तव में पात्र हैं, वे भाई-भतीजावाद के कारण दरकिनार हो जाते हैं।

हम सभी को इसके लिए अधिक जागरूक होकर और इसके लिए एक

प्रतिपक्ष पैदा करके भाई-भतीजावाद से लड़ने के लिए कड़ी मेहनत करनी होगी। केवल ऐसे प्रयास ही हमारी संस्थाओं को बचा सकते हैं और हमारी आनेवाली पीढ़ियों में नैतिक व्यवहार को शामिल कर सकते हैं। हमारे संस्थानों के उज्ज्वल भविष्य को सुनिश्चित करने के लिए यह अनिवार्य है। इसी तरह, राजनीति में भी पारिवारिक पूर्वग्रह या वंशवाद ने देश की ताकत के साथ सबसे ज्यादा अन्याय किया है। यह केवल परिवार को लाभ पहुँचाने का एक तरीका बन जाता है और इसका राष्ट्रीय भलाई से कोई संबंध नहीं है।

> ***मेरे देश के प्यारे युवाओ! आपके उज्ज्वल भविष्य के लिए, आपके सपनों के लिए मैं भाई-भतीजावाद के खिलाफ लड़ाई में आपका समर्थन चाहता हूँ। मुझे वंशवाद की राजनीति के खिलाफ लड़ाई में आपका समर्थन चाहिए।***

मेरे देश के प्यारे युवाओ! आपके उज्ज्वल भविष्य के लिए, आपके सपनों के लिए मैं भाई-भतीजावाद के खिलाफ लड़ाई में आपका समर्थन चाहता हूँ। मुझे वंशवाद की राजनीति के खिलाफ लड़ाई में आपका समर्थन चाहिए।

अगर इस देश के सामने करोड़ों समस्याएँ हैं तो करोड़ों समाधान भी हैं और मुझे 130 करोड़ देशवासियों पर विश्वास है। जब 130 करोड़ देशवासी एक निर्धारित लक्ष्य और संकल्प की प्रतिबद्धता के साथ एक कदम आगे बढ़ते हैं तो भारत 130 करोड़ कदम आगे बढ़ता है। इसी क्षमता के साथ हमें आगे बढ़ना है।

□

1

विकसित भारत का लक्ष्य

प्रधानमंत्री नरेंद्र मोदी द्वारा प्रदत्त विकसित भारत का लक्ष्य एक बड़ा संकल्प है और हमें अपनी पूरी ताकत से इसके लिए काम करना होगा। लगभग 140 करोड़ लोगों का देश, हालाँकि आर्थिक जगत् में तेजी से दबदबा दर्ज करा रहा है, तो भी मोदी के लक्ष्य को साकार करने के लिए अभी भी एक लंबा सड़क मार्ग तय करना बाकी है। विश्व बैंक वर्तमान में भारत को निम्न-मध्यम आयवाले देश के रूप में वर्गीकृत करता है—प्रति व्यक्ति वार्षिक सकल राष्ट्रीय आयवाले देशों के लिए इसकी परिभाषा 1,086 डॉलर और 4,255 डॉलर के बीच है। उच्च आयवाली अर्थव्यवस्थाओं की प्रति व्यक्ति आय कम-से-कम 13,205 डॉलर है। हालाँकि, भारत की प्रति व्यक्ति आय वर्ष 2000 के बाद से चौगुनी से अधिक हो गई है, जब यह प्रति व्यक्ति प्रतिवर्ष 500 डॉलर से कम थी।

ऐसे समय में, जब वैश्विक अर्थव्यवस्था कई चुनौतियों का सामना कर रही है, यह प्रशंसनीय है कि भारत में इस तरह के महत्त्वाकांक्षी लक्ष्य को प्रस्तावित करने का साहस है। और यह दुनिया के लिए एक वरदान होगा, यदि भारत एक विकसित राष्ट्र बन जाता है, जो लाखों भारतीयों को गरीबी से बाहर निकालता है। बेशक, उच्च लक्ष्य प्राप्त करने के लिए भारत को लगातार और अभूतपूर्व संकल्प एवं प्रयास दिखाने की जरूरत है।

एक विकसित राष्ट्र बनने के लिए भारत को पहले आर्थिक संकेतकों के मामले में उच्च आयवाले देश की दहलीज को पार करना होगा। पिछले महीने

विश्व बैंक ने उच्च आयवाले देशों के लिए प्रति व्यक्ति आय मानदंड 13,205 डॉलर से अधिक कर दिया; जबकि भारत की प्रति व्यक्ति जी.डी.पी. वर्तमान में लगभग 2,200 डॉलर है। उच्च आयवाले देशों के लिए समान मानदंड और अगले 25 वर्षों में भारत के लिए अपरिवर्तित जनसंख्या आधार को मानते हुए भारतीय अर्थव्यवस्था को लक्ष्य तक पहुँचने के लिए कम-से-कम 6 प्रतिशत की औसत वार्षिक वृद्धि की आवश्यकता होगी। व्यवहार में, इसके लिए 8 प्रतिशत से अधिक की वार्षिक वृद्धि की आवश्यकता हो सकती है।

सन् 1990 में, प्रति व्यक्ति सकल घरेलू उत्पाद के मामले में चीन और भारत मोटे तौर पर बराबर थे। उस वर्ष के उच्च आयवाले देशों के मानदंडों के करीब 2021 में प्रति व्यक्ति सकल घरेलू उत्पाद को 12,000 डॉलर से अधिक तक बढ़ाने के लिए चीन को 30 साल से अधिक की कड़ी मेहनत करनी पड़ी है।

सन् 1990 में, प्रति व्यक्ति सकल घरेलू उत्पाद के मामले में चीन और भारत मोटे तौर पर बराबर थे। उस वर्ष के उच्च आयवाले देशों के मानदंडों के करीब 2021 में प्रति व्यक्ति सकल घरेलू उत्पाद को 12,000 डॉलर से अधिक तक बढ़ाने के लिए चीन को 30 साल से अधिक की कड़ी मेहनत करनी पड़ी है। फिर भी, चीन मानता है कि उसके और विकसित अर्थव्यवस्थाओं के बीच अभी भी अपेक्षाकृत बड़ा अंतर है।

चीन की कथनीय तुलना में भारत अपनी विकास गति में स्पष्ट रूप से अधिक आश्वस्त है। इस बात से इनकार नहीं किया जा सकता कि आर्थिक विकास के लिए भारत की क्षमता बहुत बड़ी है। इसके बड़े हिस्से में इसका जनसांख्यिकीय लाभांश इसके लिए अतिरिक्त लाभप्रद साबित हो सकता है।

संयुक्त राष्ट्र के आँकड़ों के अनुसार, भारत के वर्ष 2023 में चीन को पछाड़कर दुनिया का सबसे अधिक आबादीवाला देश बनने का अनुमान है। इसके अलावा, चीन की औसत आयु 37.1 वर्ष, जबकि भारत की औसत आयु 27.6 वर्ष है। यदि भारत के विशाल युवा पूर्ण रोजगार प्राप्त कर सकते

हैं तो यह निश्चित रूप से भारत के उत्थान में सबसे बड़े आर्थिक लाभांश का योगदान देगा। लेकिन अगर कई युवा भारतीय नौकरी नहीं ढूँढ़ पाते हैं और गरीबी में घिर जाते हैं तो जनसांख्यिकीय लाभांश देश पर एक बड़ा बोझ बन सकता है।

वास्तव में, भारत में विशाल गरीब आबादी भारतीय अर्थव्यवस्था में सबसे बड़ी छिपी हुई बाधा हो सकती है। वर्ल्ड पॉवर्टी क्लॉक के अनुसार, भारत ने 8.3 करोड़ से अधिक गरीब लोगों के साथ 'दुनिया की गरीबी की राजधानी' बनने के लिए नाइजीरिया को पीछे छोड़ दिया है, जो प्रतिदिन 2 डॉलर से कम पर रहते हैं। इसके अलावा, एक शोध से पता चला है कि कोविड-19 महामारी ने लगभग 23 करोड़ भारतीयों को गरीबी में धकेल दिया है।

अर्थशास्त्रियों का मानना है कि अगर भारतीय अर्थव्यवस्था तीव्र विकास दर बनाए रख सकती है तो गरीबी की समस्या का समाधान हो जाएगा। लेकिन भारत के विशाल धन अंतर को देखते हुए असमानता को कम करने के उद्देश्य से कोई सरकारी पहल नहीं होने पर गरीबी अर्थव्यवस्था को परेशान करती रहेगी।

अर्थशास्त्रियों का मानना है कि अगर भारतीय अर्थव्यवस्था तीव्र विकास दर बनाए रख सकती है तो गरीबी की समस्या का समाधान हो जाएगा। लेकिन भारत के विशाल धन अंतर को देखते हुए असमानता को कम करने के उद्देश्य से कोई सरकारी पहल नहीं होने पर गरीबी अर्थव्यवस्था को परेशान करती रहेगी।

पिछले दशकों में तेजी से आर्थिक विकास के बावजूद वर्ष 2012 में चीन में अभी भी लगभग 10 करोड़ लोग गरीबी में जी रहे थे। फिर चीन ने एक लक्षित गरीबी-उन्मूलन अभियान शुरू किया और सन् 2013 से प्रतिवर्ष 1 करोड़ से 1.4 करोड़ लोगों को गरीबी से बाहर किया। पिछले साल चीन ने पूर्ण गरीबी-उन्मूलन में पूर्ण जीत की घोषणा की।

यह ध्यान देने योग्य है कि लक्षित गरीबी-उन्मूलन केवल लोगों को कुछ समय के लिए गरीबी से बाहर निकालने के लिए नहीं है, बल्कि उनके विकास और गरीबी में वापस गिरने से बचने के लिए एक रास्ता खोजने के लिए है। चीन में यह काम अभी भी जारी है।

लाखों भारतीयों को गरीबी से बाहर निकालना एक विकसित राष्ट्र बनने की राह पर पहला आँकड़ा ही हो सकता है। विकसित राष्ट्रों को न केवल उनके आर्थिक पैमाने से मापा जाता है, बल्कि इसका मतलब उच्च स्तर का सामाजिक विकास भी है। जब गरीबी को बड़े पैमाने पर संबोधित किया जाता है, तभी चिकित्सा देखभाल, स्वास्थ्य और साक्षरता सहित सामाजिक विकास के स्तर में सुधार किया जा सकता है।

गरीबी के अलावा भारत के सामने कई अन्य समस्याएँ भी हैं, जिनमें जाति व्यवस्था, भूमि व्यवस्था, श्रम कानून आदि शामिल हैं, जो लंबे समय से भारत को जकड़े हुए हैं। तथ्य यह है कि पिछले 75 वर्षों में समस्याओं के समाधान के लिए कोई मौलिक परिवर्तन नहीं हुआ है, यह दरशाता है कि सुधार कितने कठिन हैं।

गरीबी के अलावा भारत के सामने कई अन्य समस्याएँ भी हैं, जिनमें जाति व्यवस्था, भूमि व्यवस्था, श्रम कानून आदि शामिल हैं, जो लंबे समय से भारत को जकड़े हुए हैं। तथ्य यह है कि पिछले 75 वर्षों में समस्याओं के समाधान के लिए कोई मौलिक परिवर्तन नहीं हुआ है, यह दरशाता है कि सुधार कितने कठिन हैं।

आनेवाले वर्षों में दुनिया यह देखेगी कि क्या भारत अपने बड़े लक्ष्य को प्राप्त कर सकता है, जिसे न केवल आर्थिक विकास से मापा जाता है, बल्कि इससे भी कि कितने गरीबों को गरीबी से बाहर निकाला जाएगा।

गरीबी को उसके सभी रूपों में समाप्त करना

वर्ष 1990 के बाद से अत्यधिक गरीबी दर में आधे से अधिक की

कटौती की गई है। हालाँकि, यह एक उल्लेखनीय उपलब्धि है, विकासशील क्षेत्रों में पाँच में से एक व्यक्ति अभी भी एक दिन में 1.9 डॉलर से कम पर जीवन-यापन करता है और ऐसे लाखों लोग हैं, जो इस दैनिक राशि से थोड़ा अधिक कमाते हैं, साथ ही कई लोग गरीबी में वापस जाने का जोखिम उठाते हैं।

वर्ष 2030 तक अत्यधिक गरीबी-उन्मूलन के संयुक्त राष्ट्र के सतत विकास लक्ष्य को पूरा करने के संबंध में भारत कहाँ खड़ा है और हम यह सुनिश्चित करने के लिए क्या कर सकते हैं कि हम अगले 10 वर्षों में अधिकांश भारतीयों को गरीबी से बाहर निकाल सकें ?

वर्ष 2030 तक अत्यधिक गरीबी-उन्मूलन के संयुक्त राष्ट्र के सतत विकास लक्ष्य को पूरा करने के संबंध में भारत कहाँ खड़ा है और हम यह सुनिश्चित करने के लिए क्या कर सकते हैं कि हम अगले 10 वर्षों में अधिकांश भारतीयों को गरीबी से बाहर निकाल सकें ?

वर्ष 2030 तक सभी रूपों में भूख को समाप्त करके और खाद्य सुरक्षा प्राप्त करने के लिए स्थायी समाधान चाहकर। इसका उद्देश्य यह सुनिश्चित करना है कि स्वस्थ जीवन जीने के लिए हर जगह हर किसी के पास पर्याप्त अच्छी गुणवत्तावाला भोजन हो। इस लक्ष्य को प्राप्त करने के लिए भोजन तक बेहतर पहुँच और टिकाऊ कृषि के व्यापक प्रचार की आवश्यकता होगी।

विकसित भारत के लिए स्वस्थ जीवन और सभी उम्र में सभी के लिए कल्याण को बढ़ावा देना भी परमावश्यक है। जीवन के प्रत्येक चरण में सभी के लिए स्वास्थ्य और कल्याण सुनिश्चित करना, जिसमें प्रजनन, मातृ एवं शिशु स्वास्थ्य; संचारी, गैर-संचारी और पर्यावरणीय रोग; सार्वभौमिक स्वास्थ्य कवरेज और सभी के लिए सुरक्षित, प्रभावी, गुणवत्तापूर्ण और सस्ती दवाओं एवं टीकों तक पहुँच।

भारत में इसकी 1 अरब से अधिक आबादी के लिए केवल 12,000 नेत्र

रोग विशेषज्ञ हैं। यह हर 90,000 लोगों पर एक नेत्र रोग विशेषज्ञ का व्यापक विषम अनुपात है।

अच्छी, तेज और विश्वसनीय स्वास्थ्य सेवा पर सबका अधिकार हो। वर्तमान में, 17 राज्यों में 40 'स्माइल ऑन व्हील्स' मोबाइल अस्पताल परियोजनाएँ चल रही हैं, जो 800 गाँवों में 5,00,000 से अधिक परिवारों तक पहुँच रही हैं।

समावेशी और समान गुणवत्तावाली शिक्षा सुनिश्चित करना। सिर्फ स्कूल जाना ही काफी नहीं है। यहाँ हमारे बच्चों को वास्तव में सीखने की जरूरत है। एक समान, समावेशी और मजबूत शिक्षा-प्रणाली वह न्यूनतम मान है, जो भारत को अपनी आबादी को प्रदान करने की आवश्यकता है।

विकसित भारत बनाने में देश में जारी कुछ पहलें बड़ा योगदान कर सकती हैं।

मेक इन इंडिया

अच्छी, तेज और विश्वसनीय स्वास्थ्य सेवा पर सबका अधिकार हो। वर्तमान में, 17 राज्यों में 40 'स्माइल ऑन व्हील्स' मोबाइल अस्पताल परियोजनाएँ चल रही हैं, जो 800 गाँवों में 5,00,000 से अधिक परिवारों तक पहुँच रही हैं।

वर्षों से नीति-निर्माता इस बात पर बहस कर रहे हैं कि भारत में विनिर्माण को कैसे बढ़ावा दिया जाए और भारत को वैश्विक विनिर्माण केंद्र बनाया जाए। लेकिन यह प्रधानमंत्री नरेंद्र मोदी ही हैं, जिन्होंने कुछ ही महीनों के भीतर निवेश की सुविधा, नवाचार को बढ़ावा देने, कौशल विकास को बढ़ाने, बौद्धिक संपदा की रक्षा करने और श्रेणी के निर्माण बुनियादी ढाँचे में सर्वश्रेष्ठ निर्माण के लिए 'मेक इन इंडिया' अभियान शुरू किया।

'मेक इन इंडिया' पहल चार स्तंभों पर आधारित है, जिन्हें न केवल

विनिर्माण, बल्कि अन्य क्षेत्रों में भी भारत में उद्यमिता को बढ़ावा देने के लिए पहचाना गया है।

'मेक इन इंडिया' उद्यमिता को बढ़ावा देने के लिए 'व्यापार करने में आसानी' को सबसे महत्त्वपूर्ण कारक के रूप में मान्यता देता है। कारोबारी माहौल को आसान बनाने के लिए पहले ही कई पहलें की जा चुकी हैं। इसका उद्‌देश्य किसी व्यवसाय के पूरे जीवन-चक्र के दौरान उद्योग को लाइसेंस और गैर-विनियमन करना है।

उद्योग के विकास के लिए आधुनिक और सुविधाजनक बुनियादी ढाँचे की उपलब्धता एक बहुत ही महत्त्वपूर्ण आवश्यकता है। सरकार आधुनिक उच्च गति संचार और एकीकृत रसद व्यवस्था के साथ अत्याधुनिक प्रौद्योगिकी पर आधारित बुनियादी ढाँचा प्रदान करने के लिए औद्योगिक गलियारों और स्मार्ट शहरों को विकसित करने का इरादा रखती है। औद्योगिक समूहों में बुनियादी ढाँचे के उन्नयन के माध्यम से मौजूदा बुनियादी ढाँचे को मजबूत किया जाएगा। नवाचार और अनुसंधान गतिविधियों को त्वरित पंजीकरण प्रणाली के माध्यम से समर्थन दिया जाता है और तदनुसार बौद्धिक संपदा अधिकार पंजीकरण सेटअप के बुनियादी ढाँचे को उन्नत किया गया है। उद्योग के लिए कौशल की आवश्यकता की पहचान की जानी चाहिए और तदनुसार कार्यबल का विकास किया जाना चाहिए।

उद्योग के विकास के लिए आधुनिक और सुविधाजनक बुनियादी ढाँचे की उपलब्धता एक बहुत ही महत्त्वपूर्ण आवश्यकता है। सरकार आधुनिक उच्च गति संचार और एकीकृत रसद व्यवस्था के साथ अत्याधुनिक प्रौद्योगिकी पर आधारित बुनियादी ढाँचा प्रदान करने के लिए औद्योगिक गलियारों और स्मार्ट शहरों को विकसित करने का इरादा रखती है।

'मेक इन इंडिया' ने विनिर्माण, बुनियादी ढाँचे एवं सेवा गतिविधियों में 25 क्षेत्रों की पहचान की है और विस्तृत जानकारी इंटरेक्टिव वेब पोर्टल

और पेशेवर रूप से विकसित ब्रोशर के माध्यम से साझा की जा रही है। रक्षा उत्पादन, निर्माण और रेलवे के बुनियादी ढाँचे में बड़े पैमाने पर एफ.डी.आई. को खोल दिया गया है।

उद्योग सरकार को एक नियामक के रूप में देखने का आदी है। 'मेक इन इंडिया' का इरादा सरकार के उद्योगों के साथ बातचीत करने के तरीके में बदलाव लाकर इसे बदलने का है। सरकार देश के आर्थिक विकास में उद्योगों में भागीदारी बनेगी। दृष्टिकोण एक सूत्रधार का होगा, न कि नियामक का।

उद्योग सरकार को एक नियामक के रूप में देखने का आदी है। 'मेक इन इंडिया' का इरादा सरकार के उद्योगों के साथ बातचीत करने के तरीके में बदलाव लाकर इसे बदलने का है। सरकार देश के आर्थिक विकास में उद्योगों में भागीदारी बनेगी। दृष्टिकोण एक सूत्रधार का होगा, न कि नियामक का।

'मेक इन इंडिया' कार्यक्रम को सहयोगात्मक प्रयास की परतों पर बनाया गया है। इसमें केंद्रीय मंत्री, भारत सरकार के सचिव, राज्य सरकारें, उद्योग जगत् के नेता और विभिन्न ज्ञान भागीदार रहे हैं। दिसंबर 2014 में सेक्टर विशिष्ट उद्योगों पर एक राष्ट्रीय कार्यशाला ने भारत सरकार के सचिवों और उद्योग जगत् के नेताओं को अगले तीन वर्षों के लिए एक कार्य-योजना तैयार करने के लिए एक साथ लाया गया, जिसका उद्देश्य आगामी वर्षों में विनिर्माण क्षेत्र के योगदान को सकल घरेलू उत्पाद के 25 प्रतिशत तक बढ़ाना है।

इन अभ्यासों के परिणामस्वरूप हाल के इतिहास में किसी राष्ट्र द्वारा की गई सबसे बड़ी विनिर्माण पहल के लिए एक रोडमैप तैयार हुआ। उन्होंने सार्वजनिक-निजी भागीदारी की परिवर्तनकारी शक्ति का भी प्रदर्शन किया और ये 'मेक इन इंडिया' कार्यक्रम की पहचान बन गए हैं। भारत के वैश्विक भागीदारों को शामिल करने के लिए इस सहयोगी मॉडल को भी सफलतापूर्वक विस्तारित किया गया है, जैसाकि भारत और संयुक्त राज्य अमेरिका के बीच

हाल ही में गहन बातचीत से स्पष्ट है।

कम समय में, अतीत के अप्रचलित एवं अवरोधक ढाँचे को नष्ट कर दिया गया है और एक पारदर्शी व उपयोगकर्ता के अनुकूल प्रणाली के साथ प्रतिस्थापित किया गया है, जो आधारभूत संरचना में तीव्र निवेश, नवाचार को बढ़ावा देने, कौशल विकसित करने, आई.पी. की रक्षा करने और श्रेणी में सर्वश्रेष्ठ निर्माण करने में मदद कर रहा है। प्रगति का सबसे महत्त्वपूर्ण संकेतक रेलवे, रक्षा, बीमा और चिकित्सा उपकरणों सहित प्रमुख क्षेत्रों का अभूतपूर्व रूप से प्रत्यक्ष विदेशी निवेश के उच्च स्तर तक खुलना है।

'मेक इन इंडिया' कार्यक्रम के तहत भारत में व्यापार करने में आसानी पर केंद्रित उपायों की एक श्रृंखला भी शुरू की गई है। बिल्कुल नया, आई.टी.-संचालित एप्लिकेशन और ट्रैकिंग प्रक्रियाएँ फाइलों एवं लालफीताशाही की जगह ले रही हैं। राज्य सरकार के स्तर पर लाइसेंसिंग नियमों को सुव्यवस्थित और युक्तिसंगत बनाने के लिए, उन्हें वैश्विक सर्वोत्तम प्रथाओं के साथ संरेखित करने के लिए कई नई पहलें शुरू की गई हैं।

'मेक इन इंडिया' कार्यक्रम के तहत भारत में व्यापार करने में आसानी पर केंद्रित उपायों की एक श्रृंखला भी शुरू की गई है। बिल्कुल नया, आई.टी.-संचालित एप्लिकेशन और ट्रैकिंग प्रक्रियाएँ फाइलों एवं लालफीताशाही की जगह ले रही हैं।

श्रम कानून में संशोधन से लेकर ऑनलाइन रिटर्न दाखिल करने और नियामक वातावरण के युक्तीकरण से लेकर औद्योगिक लाइसेंस की वैधता बढ़ाने तक 'मेक इन इंडिया' को एक वास्तविकता बनाने के लिए बहुत सारे बदलाव किए गए हैं।

आज भारत की साख पहले से कहीं ज्यादा मजबूत है। दृश्य गति, ऊर्जा और आशावाद है। 'मेक इन इंडिया' निवेश के दरवाजे खोल रहा है। कई उद्यम इसका मंत्र अपना रहे हैं। दुनिया का सबसे बड़ा लोकतंत्र

दुनिया की सबसे शक्तिशाली अर्थव्यवस्था और विकसित भारत बनने की ओर अग्रसर है।

विकसित भारत की राह के रोड़े

कोविड-19 महामारी ने सतत विकास को एक बड़ा झटका दिया। वर्ष 2020 में, 2015 में सतत विकास लक्ष्यों (सतत विकास लक्ष्य) को अपनाने के बाद पहली बार वैश्विक औसत सतत विकास लक्ष्य स्कोर में गिरावट आई। विश्लेषकों ने समग्र सतत विकास लक्ष्य स्कोर में समग्र गिरावट का श्रेय मुख्य रूप से महामारी के दौरान बढ़ी हुई गरीबी और बेरोजगारी दर को दिया। यहाँ तक कि उच्च आयवाले देश, जैसे फिनलैंड, स्वीडन और डेनमार्क—जो सतत विकास लक्ष्य इंडेक्स में क्रमश: पहले, दूसरे और तीसरे स्थान पर हैं—सभी सतत विकास लक्ष्य हासिल करने के लिए ट्रैक पर नहीं हैं।

कोविड-19 महामारी ने सतत विकास को एक बड़ा झटका दिया। वर्ष 2020 में, 2015 में सतत विकास लक्ष्यों (सतत विकास लक्ष्य) को अपनाने के बाद पहली बार वैश्विक औसत सतत विकास लक्ष्य स्कोर में गिरावट आई। विश्लेषकों ने समग्र सतत विकास लक्ष्य स्कोर में समग्र गिरावट का श्रेय मुख्य रूप से महामारी के दौरान बढ़ी हुई गरीबी और बेरोजगारी दर को दिया।

कम आयवाले देशों और विशेष रूप से उनकी सबसे कमजोर आबादी (जैसे—प्रवासी श्रमिकों एवं महिलाओं) पर महामारी के सामाजिक व आर्थिक प्रभाव कहीं अधिक गहरे थे; क्योंकि उनके पास आपातकालीन प्रतिक्रिया उपायों के वित्त-पोषण और आर्थिक सुधार योजनाओं के लिए वित्तीय स्थान नहीं था।

फरवरी 2021 में रूस-यूक्रेन युद्ध छिड़ गया और जल्दी ही 2030 एजेंडे को एक बड़ा झटका लगा। युद्ध न केवल मौतों और विस्थापन के

मामले में पीड़ा पैदा कर रहा है, बल्कि वैश्विक आपूर्ति शृंखलाओं को भी बाधित कर रहा है, जिसके परिणामस्वरूप आर्थिक व्यवधान उत्पन्न हो रहा है। भोजन, ऊर्जा और अन्य आवश्यक वस्तुओं की कीमतें बढ़ गई हैं और दुनिया को बड़े पैमाने पर भूख व अकाल का सामना करना पड़ सकता है; क्योंकि अनाज निर्यात की रुकावटों ने दुनिया के कुछ सबसे कमजोर देशों में भूख को बढ़ा दिया है।

वैश्विक विकास एजेंडे की जटिलताओं को जटिल बनानेवाली चुनौतियों के बीच यह बिल्कुल स्पष्ट हो गया है कि कोई भी देश अपने दम पर सतत विकास लक्ष्य हासिल नहीं कर सकता। इसके दृष्टिगत संयुक्त राष्ट्र के आर्थिक और सामाजिक मामलों के विभाग (यू.एन.डी.ई.एस.ए.) ने सतत विकास लक्ष्य के सफल कार्यान्वयन के लिए राज्यों की विकास सहयोग नीतियों के पुनर्विन्यास को निर्देशित करने के लिए सिद्धांतों के एक समूह की रूपरेखा तैयार की—

विकास सहयोग को राष्ट्रीय प्रयासों का समर्थन करना चाहिए और विशेष रूप से महिलाओं, जैसे सबसे कमजोर और हाशिए के समूहों, पर ध्यान केंद्रित करना चाहिए। द्वितीय सभी प्रकार के विकास सहयोग, जैसे—क्षमता-निर्माण, वित्तीय संसाधन, तकनीकी सहयोग और नीतिगत सलाह को बढ़ाया जाना चाहिए।

- विकास सहयोग को राष्ट्रीय प्रयासों का समर्थन करना चाहिए और विशेष रूप से महिलाओं, जैसे सबसे कमजोर और हाशिए के समूहों, पर ध्यान केंद्रित करना चाहिए।
- द्वितीय सभी प्रकार के विकास सहयोग, जैसे—क्षमता-निर्माण, वित्तीय संसाधन, तकनीकी सहयोग और नीतिगत सलाह को बढ़ाया जाना चाहिए।
- विकास सहयोग से घरेलू संसाधनों का लाभ उठाने और स्थानीय क्षमता का निर्माण करने में मदद मिलनी चाहिए।

- विकास सहयोग भागीदारों को सभी क्षेत्रों में प्रतिस्पर्धी नीतियों के विपरीत सुसंगत नीतियाँ बनाने के लिए एक समग्र दृष्टिकोण अपनाना चाहिए।
- सतत विकास लक्ष्य की निगरानी एवं कार्यान्वयन में स्थानीय अधिकारियों और नागरिकों को लगाया जाना चाहिए।

आर्थिक सहयोग और विकास संगठन (ओ.ई.सी.डी.) की सन् 2021 की एक रिपोर्ट में विकास सहयोग में सतत विकास लक्ष्य ढाँचे का उपयोग करने के लाभों को सूचीबद्ध किया गया है। उनमें से—एक ही भाषा और डाटा का उपयोग करके जटिल बहुआयामी चुनौतियों को नेविगेट करने की अधिक क्षमता; एक आम सहमति के एजेंडे के आसपास साझेदारी का निर्माण और प्रत्येक निवेश के पैसे के प्रभाव एवं मूल्य को अधिकतम करना। दुर्भाग्य से, हालाँकि, 2030 एजेंडे के लिए विकास सहयोग की क्षमता का उपयोग करने से पहले दुनिया को एक लंबा रास्ता तय करना है।

आर्थिक सहयोग और विकास संगठन (ओ.ई.सी.डी.) की सन् 2021 की एक रिपोर्ट में विकास सहयोग में सतत विकास लक्ष्य ढाँचे का उपयोग करने के लाभों को सूचीबद्ध किया गया है। उनमें से—एक ही भाषा और डाटा का उपयोग करके जटिल बहुआयामी चुनौतियों को नेविगेट करने की अधिक क्षमता...

भारत का विकास सहयोग लोकाचार

भारत को अकसर 'उभरते दाता' के रूप में देखा जाता है। देश का न केवल विकास भागीदारी का एक लंबा इतिहास रहा है, बल्कि इसने वर्षों से विकास सहयोग पर बहुत ही विमर्श को चुनौती दी है। भारत ने अपनी स्वतंत्रता के तुरंत बाद अपना पहला विकास सहयोग कार्यक्रम शुरू किया, जिसके संस्थापक सिद्धांत उपनिवेशवाद विरोधी, 'तीसरी दुनिया' की

एकजुटता और विकास के अनुभव को साझा करना था। केवल दो वर्षों के भीतर, सन् 1949 में, देश ने भारत में अध्ययन करने के लिए अन्य विकासशील देशों, विशेष रूप से एशिया व अफ्रीका, के छात्रों के लिए 70 छात्रवृत्ति अनुदानों की घोषणा की।

कुशल श्रम की कमी सहित बड़े पैमाने पर विकास चुनौतियों के साथ एक नए स्वतंत्र देश के रूप में भारत अन्य विकासशील देशों के साथ अपने विकास के अनुभव को साझा करने के लिए उत्सुक था और उसने उन देशों में क्षमता-निर्माण पर अपना ध्यान केंद्रित किया। भारतीय तकनीकी एवं आर्थिक सहयोग (आई.टी.ई.सी.) कार्यक्रम अंततः सितंबर 1964 में शुरू किया गया, जिसे पारस्परिक लाभ के लिए साझेदारी और सहयोग के आधार पर अन्य विकासशील देशों के साथ घनिष्ठ संबंधों को पोषित करने के लिए डिजाइन किया गया था।

भारत के विकास सहयोग कार्यक्रम के संस्थापक सिद्धांत महान् नियामक महत्त्व के थे, क्योंकि युद्ध के बाद की वैश्विक सहायता वास्तु कला पर पश्चिम का भारी प्रभुत्व था, जिसके दाता-प्राप्तकर्ता मॉडल ने केवल देशों के बीच असमानताओं को गहरा किया।

भारत के विकास सहयोग कार्यक्रम के संस्थापक सिद्धांत महान् नियामक महत्त्व के थे, क्योंकि युद्ध के बाद की वैश्विक सहायता वास्तु कला पर पश्चिम का भारी प्रभुत्व था, जिसके दाता-प्राप्तकर्ता मॉडल ने केवल देशों के बीच असमानताओं को गहरा किया। भारत के विकास सहयोग कार्यक्रम पर अन्य देशों का बहुत कम ध्यान गया, क्योंकि यह 1980 के दशक तक विदेशी सहायता प्राप्त करनेवालों में सबसे बड़ा था। 1990 के दशक में भारतीय अर्थव्यवस्था के उदारीकरण के लगभग एक दशक के बाद और इसके परिणामस्वरूप उच्च विकास दर के बाद चीजें बदल गईं। 1980 के दशक में दुनिया के सबसे बड़े विदेशी सहायता प्राप्तकर्ताओं में से एक होने से भारत वर्ष 2015 तक एक शुद्ध दाता बन गया।

वर्षों पहले, सन् 2003 में भारत ने रणनीतिक निर्णय लिया कि वह केवल छह देशों से द्विपक्षीय सहायता स्वीकार करेगा, अर्थात्—संयुक्त राज्य अमेरिका, यूनाइटेड किंगडम, जर्मनी, जापान, यूरोपीय संघ और रूस। विदेशी सहायता को सीमित करने के निर्णय ने विश्व स्तर पर भारत की छवि को बढ़ावा दिया और कुछ वर्षों बाद, सन् 2008 में, भारत के आर्थिक मामलों के विभाग ने एक स्थिति-पत्र तैयार किया, जिसने विदेशी सहायता प्राप्त करने की भारत की नीति के मूलभूत मानकों को परिभाषित किया। स्थिति-पत्र के मुख्य तथ्य निम्नलिखित थे—

> ***भारत अब अपने योजना परिव्यय के वित्त-पोषण के लिए बाहरी सहायता पर निर्भर नहीं था; भारतीय अर्थव्यवस्था बँधी सहायता से दूर जाने के लिए पर्याप्त मजबूत थी; द्विपक्षीय सहायता स्वायत्त संस्थानों एवं गैर-सरकारी संगठनों को निर्देशित की जानी चाहिए और भारत विदेशी सहायता पर अपनी निर्भरता को और कम करेगा।***

भारत अब अपने योजना परिव्यय के वित्त-पोषण के लिए बाहरी सहायता पर निर्भर नहीं था; भारतीय अर्थव्यवस्था बँधी सहायता से दूर जाने के लिए पर्याप्त मजबूत थी; द्विपक्षीय सहायता स्वायत्त संस्थानों एवं गैर-सरकारी संगठनों को निर्देशित की जानी चाहिए और भारत विदेशी सहायता पर अपनी निर्भरता को और कम करेगा।

ऐसा परिवर्तन शून्य में नहीं हुआ। आखिरकार, आर्थिक उदारीकरण के बाद की अवधि भारत की समग्र विदेश नीति में महत्त्वपूर्ण परिवर्तनों से चिह्नित थी। राजनीतिक एकजुटता ने व्यावहारिकता को रास्ता दिया और आर्थिक कूटनीति भारत की विदेश नीति की एक केंद्रीय विशेषता बन गई। भारत ने भी 2000 के दशक के मध्य में अपने विकास सहयोग कार्यक्रम के पैमाने का नाटकीय रूप से विस्तार किया। सन् 2003 में भारत ने अन्य विकासशील देशों को विकास सहायता प्रदान करने के लिए 'भारत विकास पहल' की शुरुआत की और क्रेडिट की रियायती लाइनें भारत

के विकास सहयोग के मुख्य साधनों में से एक बन गईं।

तकनीकी और आर्थिक सहयोग के लिए भारत का बजट आवंटन वर्ष 2006-07 में 15.1 अरब रुपए से बढ़कर 2011-12 की स्थिर कीमतों में 2012-21 में 54.7 अरब रुपए हो गया। वर्ष 2022 तक भारत ने एशिया, अफ्रीका, ओशिनिया और लैटिन अमेरिका के विकासशील देशों को 27.7 अरब अमेरिकी डॉलर के ऋण को मंजूरी दे दी।

भारत ने जान-बूझकर ओ.ई.सी.डी. द्वारा प्रचारित किए जा रहे दाता-प्राप्तकर्ता मॉडल से परहेज किया और खुद को एक 'विकास भागीदार' कहना पसंद किया, जिसका उद्‌देश्य पारस्परिक लाभ था। भारत और अन्य दक्षिणी दाताओं ने इस विचार को साझा किया कि संस्थागत संरचनाएँ व प्रक्रियाएँ, जो विकास सहयोग को नियंत्रित करती हैं, केवल देशों के बीच असमान शक्ति संबंधों को गहरा करती हैं और उन्हें बदलने का इरादा रखती हैं।

> ***भारत ने जान-बूझकर ओ.ई.सी.डी. द्वारा प्रचारित किए जा रहे दाता-प्राप्तकर्ता मॉडल से परहेज किया और खुद को एक 'विकास भागीदार' कहना पसंद किया, जिसका उद्‌देश्य पारस्परिक लाभ था।***

अपनी औपनिवेशिक विरासत को कम करने की भारत की इच्छा का एक हिस्सा पश्चिमी, उत्तर-औपनिवेशिक अवधारणा के रूप में विकास प्रतिमान को चुनौती देना और पारस्परिक रूप से लाभकारी माँग-संचालित विकास भागीदारी की प्रधानता पर जोर देना था।

प्रारंभ में, विकास सहयोग के लिए भारत के दृष्टिकोण ने माँग-संचालित विकास और संप्रभुता के सम्मान पर जोर दिया, जैसाकि एक निर्देशात्मक दाता-संचालित मॉडल के विपरीत था। धारणा यह है कि देश खुद जानते हैं कि उनके लिए सबसे अच्छा क्या है। समय के साथ, भारत और अन्य दक्षिणी दाताओं ने ओ.ई.सी.डी.-विकास सहायता समिति (ओ.ई.सी.डी.-डी.ए.सी.) दाताओं के प्रभुत्व को कम कर दिया और इनमें से कई पारंपरिक दाता अब

तीसरे देशों में भारत के साथ काम कर रहे हैं। यू.के. एक पारंपरिक दाता के बेहतरीन उदाहरणों में से एक है, जिसने त्रिकोणीय सहयोग के रूप में अन्य विकासशील देशों में भारत के साथ विकास परियोजनाओं पर काम करने की दिशा में महत्त्वपूर्ण प्रयास किए हैं और इस दिशा में सन् 2015 में दोनों देशों ने हस्ताक्षर किए।

भारत और अन्य ब्रिक्स (BRICS) देशों ने विकास सहयोग की संरचना को फिर से परिभाषित करने में महत्त्वपूर्ण भूमिका निभाई है, जो पहले देशों के बीच शर्तों और असमानता की विशेषता थी। दक्षिणी दाताओं के सशर्त-संचालित आख्यान को बदलने के प्रयासों ने दाताओं के हितों के विपरीत भागीदार देशों की जरूरतों को प्राथमिकता देने में योगदान दिया।

जबकि भारत और अन्य दक्षिणी दाताओं ने विकास सहयोग के लिए एक वैकल्पिक प्रतिमान प्रदान किया है; हालाँकि, उन्हें ओ.ई.सी.डी.-डी.ए.सी. के समान एक छत्र के तहत परिभाषित नहीं किया जा सकता है, क्योंकि उनके दृष्टिकोण विविध हैं।

जबकि भारत और अन्य दक्षिणी दाताओं ने विकास सहयोग के लिए एक वैकल्पिक प्रतिमान प्रदान किया है; हालाँकि, उन्हें ओ.ई.सी.डी.-डी.ए.सी. के समान एक छत्र के तहत परिभाषित नहीं किया जा सकता है, क्योंकि उनके दृष्टिकोण विविध हैं। उदाहरण के लिए, भारत और चीन को अकसर विकास सहयोग में एक साथ रखा जाता है, फिर भी उनकी शैली बहुत भिन्न होती है। चीन के विकास सहयोग में अकसर बड़े राज्य के नेतृत्ववाली बुनियादी ढाँचा परियोजनाएँ शामिल होती हैं, जिनके लिए प्राकृतिक संसाधन संपार्श्विक के रूप में आवश्यक होता है।

हाल के वर्षों में, चीन को विकासशील देशों के लिए अपने ऋण की स्थिरता के साथ-साथ रोजगार-सृजन, क्षमता-निर्माण और पर्यावरण मानकों में अपने खराब रिकॉर्ड को लेकर भी आलोचनाओं का सामना करना पड़ा है। अन्य देशों को दिए गए अधिकांश चीनी ऋण 'छिपे हुए' हैं और अंतरराष्ट्रीय

मुद्रा कोष (आई.एम.एफ.) या विश्व बैंक को इसकी सूचना नहीं दी गई है। इस प्रकार, पारदर्शिता पर गंभीर चिंताएँ पैदा होती हैं।

अपने हिस्से के लिए भारत ने अपनी विकास पहलों में निजी क्षेत्र की क्षमता का उपयोग किया है, जिसमें क्षमता-निर्माण कार्यक्रम एक प्रमुख घटक है। भारत की प्रमुख योजना, भारतीय तकनीकी एवं आर्थिक सहयोग कार्यक्रम का विस्तार और दायरे में हुआ है और इसके बजट में पिछले कुछ वर्षों में वृद्धि हुई है। वर्ष 2019-20 में कार्यक्रम के लिए कुल बजट आवंटन 2.2 अरब रुपए था और दुनिया भर में 160 भागीदार देशों को लगभग 12,000 नागरिक प्रशिक्षण स्लॉट की पेशकश की गई थी।

अपने हिस्से के लिए भारत ने अपनी विकास पहलों में निजी क्षेत्र की क्षमता का उपयोग किया है, जिसमें क्षमता-निर्माण कार्यक्रम एक प्रमुख घटक है। भारत की प्रमुख योजना, भारतीय तकनीकी एवं आर्थिक सहयोग कार्यक्रम का विस्तार और दायरे में हुआ है और इसके बजट में पिछले कुछ वर्षों में वृद्धि हुई है।

लगभग 98 भारतीय संस्थान कृषि, खाद्य एवं उर्वरक, इंजीनियरिंग व प्रौद्योगिकी, पर्यावरण और जलवायु परिवर्तन, बिजली, नवीकरणीय ऊर्जा, वस्त्र एवं कृत्रिम बुद्धि (Artificial Intelligence) जैसे विविध क्षेत्रों में प्रशिक्षण पाठ्यक्रम चलाते हैं। सन् 2019 में भारत ने ऑनलाइन पाठ्यक्रमों के माध्यम से अपनी पहुँच का विस्तार करने के लिए इ-आई.टी.ई.सी. कार्यक्रम शुरू किया।

शायद हाल के वर्षों में सबसे महत्त्वपूर्ण भारतीय पहल पैन अफ्रीकन इ-नेटवर्क है, जिसे सन् 2007 में लॉन्च किया गया था और 2017 में समाप्त हो गया था। इस परियोजना के तहत, जिसका बजट 1 अरब अमेरिकी डॉलर है, भारत ने प्रदान करने के लिए एक फाइबर-ऑप्टिक नेटवर्क की स्थापना की। अफ्रीकी देशों के लिए सैटेलाइट कनेक्टिविटी, टेली-मेडिसिन एवं टेली-

एजुकेशन के साथ-साथ इ-कॉमर्स, इ-गवर्नेंस और रिसोर्स-मैपिंग जैसे विभिन्न डिजिटल एप्लिकेशन। नेटवर्क ने भारत के 12 'सुपर स्पेशियलिटी' अस्पतालों को अफ्रीका में 40 अस्पतालों से जोड़ा गया। 48 अफ्रीकी देशों ने पी.ए.ई.एन.पी. के दूर-शिक्षा घटक में भाग लिया। नेटवर्क के माध्यम से 24,000 से अधिक अफ्रीकी छात्रों ने विभिन्न भारतीय विश्वविद्यालयों से विभिन्न स्नातक और स्नातकोत्तर विषयों में डिग्री प्राप्त की। सन् 2017 तक अफ्रीकी डॉक्टरों, नर्सों और पैरामेडिकल स्टाफ के लिए लगभग 6,700 सतत चिकित्सा शिक्षा सत्र आयोजित किए गए।

> ***इ-वी.बी.ए.बी. भी है, जिसे सन् 2018 में पी.ए.ई.एन.पी. के विस्तार के रूप में लॉञ्च किया गया था और 48 अफ्रीकी देशों में लागू किया गया। कार्यक्रम का लक्ष्य अगले पाँच वर्षों तक हर साल 4,000 अफ्रीकी छात्रों को मुफ्त टेली-शिक्षा प्रदान करना और 1,000 अफ्रीकी डॉक्टरों, पैरामेडिकल स्टाफ एवं नर्सों को चिकित्सा शिक्षा जारी रखना है।***

इ-वी.बी.ए.बी. भी है, जिसे सन् 2018 में पी.ए.ई.एन.पी. के विस्तार के रूप में लॉञ्च किया गया था और 48 अफ्रीकी देशों में लागू किया गया। कार्यक्रम का लक्ष्य अगले पाँच वर्षों तक हर साल 4,000 अफ्रीकी छात्रों को मुफ्त टेली-शिक्षा प्रदान करना और 1,000 अफ्रीकी डॉक्टरों, पैरामेडिकल स्टाफ एवं नर्सों को चिकित्सा शिक्षा जारी रखना है। कार्यक्रम के तहत भारतीय डॉक्टर भी परामर्श के लिए अफ्रीकी डॉक्टरों के लिए उपलब्ध रहेंगे।

कम लागतवाले विकास समाधान

भारत के विकास सहयोग ढाँचे का एक महत्त्वपूर्ण लाभ इसका फुरतीला चरित्र और भागीदार देशों को कम लागतवाले विकास समाधान प्रदान करने की क्षमता है। जबकि भारत को अकसर ओ.ई.सी.डी. देशों के सापेक्ष एक छोटे पैमाने के दाता के रूप में खारिज कर दिया जाता है, यह ध्यान रखना

महत्त्वपूर्ण है कि पश्चिमी सहायता का बड़ा हिस्सा अकसर दाता देशों के लिए प्रशासनिक खर्चों, परामर्श शुल्क और अनुबंधों में खर्च किया जाता है। इसलिए, अधिकांश पश्चिमी सहायता को केवल दाता देशों को वापस पुनश्चक्रित किया जाता है।

वर्ष 2019-20 में, भारत ने अंतरराष्ट्रीय विकास सहयोग के लिए 1.32 अरब अमेरिकी डॉलर की प्रतिबद्धता जताई। हालाँकि, आवंटन भारत के 2 अरब अमेरिकी डॉलर की क्रेडिट लाइन को देखते हुए देश के कुल बजट का 0.3 प्रतिशत कम है; लेकिन यह ऑस्ट्रेलिया (2.8 अरब अमेरिकी डॉलर, जी.डी.पी. का 0.22 प्रतिशत), दक्षिण कोरिया (2.5 अरब अमेरिकी डॉलर, सकल घरेलू उत्पाद का 0.15 प्रतिशत) और ऑस्ट्रिया (1.2 अरब अमेरिकी डॉलर, सकल घरेलू उत्पाद का 0.27 प्रतिशत) जैसे उच्च आयवाले देशों की तुलना में अधिक महत्त्वपूर्ण योगदान है।

विकसित देश की ओर अग्रसर होते हुए भारत अन्य विकासशील देशों को विभिन्न कारणों से पश्चिमी देशों द्वारा वहन की जानेवाली लागत के एक अंश पर विकास समाधान प्रदान करने में अधिक कुशल हो गया है। उदाहरण के लिए, यह महँगे सलाहकारों को काम पर नहीं रखता है और यह प्राप्तकर्ता देशों की जरूरतों के आधार पर परियोजनाओं को लागू करता है।

विकसित देश की ओर अग्रसर होते हुए भारत अन्य विकासशील देशों को विभिन्न कारणों से पश्चिमी देशों द्वारा वहन की जानेवाली लागत के एक अंश पर विकास समाधान प्रदान करने में अधिक कुशल हो गया है। उदाहरण के लिए, यह महँगे सलाहकारों को काम पर नहीं रखता है और यह प्राप्तकर्ता देशों की जरूरतों के आधार पर परियोजनाओं को लागू करता है। भारत द्वारा कम लागतवाले विकास समाधानों के सर्वोत्तम उदाहरणों में से एक 'सौर मामा' है, जहाँ महिलाओं को सौर इंजीनियर बनने और दूर-दराज के जिलों

में बिजली लाने के लिए प्रशिक्षित किया जाता है। सन् 2016 में आई.टी.ई.सी. पाठ्यक्रमों के माध्यम से प्रशिक्षित 78 देशों के लगभग 800 'सौर मामा' ने 500 से अधिक गाँवों में 50,000 घरों का विद्युतीकरण किया।

भारत का विकास सहयोग और सतत विकास लक्ष्य

सन् 2015 में सतत विकास लक्ष्य को अपनाने को अकसर विकास के इतिहास में एक वाटरशेड माना जाता है। अपने पूर्ववर्ती सहस्राब्दी विकास लक्ष्यों (एम.डी.जी.) के विपरीत—जो काफी हद तक तकनीकी थे और केवल विकासशील देशों पर लागू होते थे—सतत विकास लक्ष्य एक लंबी परामर्श प्रक्रिया का परिणाम थे और सार्वभौमिक रूप से लागू होते हैं।

सन् 2015 में सतत विकास लक्ष्य को अपनाने को अकसर विकास के इतिहास में एक वाटरशेड माना जाता है। अपने पूर्ववर्ती सहस्राब्दी विकास लक्ष्यों (एम.डी.जी.) के विपरीत—जो काफी हद तक तकनीकी थे और केवल विकासशील देशों पर लागू होते थे—सतत विकास लक्ष्य एक लंबी परामर्श प्रक्रिया का परिणाम थे और सार्वभौमिक रूप से लागू होते हैं। इसके अलावा, पहली बार दुनिया सतत विकास के परस्पर संबंधित और जटिल सामाजिक व पर्यावरणीय आयामों से संबंधित आकांक्षात्मक लक्ष्यों पर सहमत हुई। जबकि एम.डी.जी. ने आर्थिक विकास पर जोर देनेवाले प्रतिमान को बदले बिना विकास घाटे को संबोधित करने पर ध्यान केंद्रित किया, जो इक्विटी या पर्यावरणीय न्याय पर विचार करता है। सतत विकास लक्ष्य सार्वभौमिक हैं और सतत विकास के सभी तीन आयामों—आर्थिक, सामाजिक व पर्यावरण पर ध्यान देते हैं।

सन् 2015 से कई देशों ने सतत विकास लक्ष्य एजेंडे के साथ अपनी विकास सहयोग रणनीतियों को संरेखित करने के लिए काम किया है। जबकि

भारत अपनी विकास सहयोग रणनीति के उद्देश्य के रूप में सतत विकास लक्ष्य का स्पष्ट रूप से उल्लेख नहीं करता है, इसकी पहल सतत विकास लक्ष्य से निकटता से जुड़े क्षेत्रों पर काम करती है। उदाहरण के लिए, अफ्रीका में, साथ ही नेपाल, बांग्लादेश, अफगानिस्तान और भूटान जैसे पड़ोसियों में भारत ने आई.टी.ई.सी. कार्यक्रम के तहत क्षमता-निर्माण एवं तकनीकी प्रशिक्षण में सहायता की है। इनमें शिक्षा, स्वास्थ्य और पनबिजली संयंत्रों, रोडवेज एवं परिवहन लिंक के निर्माण के रूप में ढाँचागत समर्थन जैसे विभिन्न क्षेत्रों को शामिल किया गया है, जिससे व्यापार के लिए नए बाजार खुल रहे हैं।

जैसाकि पहले रेखांकित किया गया है, विकास सहयोग के लिए भारत का दृष्टिकोण ऐतिहासिक रूप से माँग-संचालित रहा है और पारंपरिक दाता शर्तों से बँधा हुआ नहीं है। भारतीय मिशन को एक पूर्व-व्यवहार्यता अध्ययन या विस्तृत परियोजना रिपोर्ट के साथ, जो प्रस्ताव को अनुमोदन के लिए विदेश मंत्रालय को भेजता है...

भारत का विकास सहयोग दृष्टिकोण भी यू.एन.डी.ई.एस.ए. द्वारा सुझाए गए पाँच तरीकों के अनुरूप है—

- विकास सहयोग को राष्ट्रीय प्रयासों का समर्थन करना चाहिए और विशेष रूप से महिलाओं जैसे सबसे कमजोर एवं हाशिए के समूहों पर ध्यान केंद्रित करना चाहिए।

जैसाकि पहले रेखांकित किया गया है, विकास सहयोग के लिए भारत का दृष्टिकोण ऐतिहासिक रूप से माँग-संचालित रहा है और पारंपरिक दाता शर्तों से बँधा हुआ नहीं है। भारतीय मिशन को एक पूर्व-व्यवहार्यता अध्ययन या विस्तृत परियोजना रिपोर्ट के साथ, जो प्रस्ताव को अनुमोदन के लिए विदेश मंत्रालय को भेजता है, इसलिए यह भागीदार देश है, जो परियोजना शुरू करता है, न कि विकास भागीदार। यह डी.ए.सी. दाताओं के आपूर्ति-संचालित दृष्टिकोण के बिल्कुल विपरीत है, जहाँ दाता देश की राजधानी में

ऋण कार्यक्रम तय किया जाता है।

दूसरे शब्दों में, भारत का ऋण कार्यक्रम उन देशों में राष्ट्रीय विकास योजनाओं और प्राथमिकताओं का समर्थन करता है, जहाँ यह संचालित होता है। इसके अलावा, विभिन्न भारतीय विकास पहलों, जैसे 'सौर मामा' और अफगान महिलाओं के लिए सेवा के कौशल विकास पाठ्यक्रमों का अफ्रीका व अफगानिस्तान में हाशिए पर रहनेवाली महिलाओं के जीवन पर गहरा प्रभाव पड़ा है।

चूँकि विकसित देशों के विदेशी सहायता बजट स्थिर रहते हैं या यहाँ तक कि गिरावट भी आई है, 2000 के दशक की शुरुआत से भारत का तेजी से विकास हुआ है और इसकी वर्तमान विकास सहायता प्रतिबद्धताएँ कई उच्च आयवाले देशों के साथ तुलनीय हैं।

- द्वितीय सभी प्रकार के विकास सहयोग, जैसे—क्षमता-निर्माण, वित्तीय संसाधन, तकनीकी सहयोग और नीतिगत सलाह को बढ़ाया जाना चाहिए।

  चूँकि विकसित देशों के विदेशी सहायता बजट स्थिर रहते हैं या यहाँ तक कि गिरावट भी आई है, 2000 के दशक की शुरुआत से भारत का तेजी से विकास हुआ है और इसकी वर्तमान विकास सहायता प्रतिबद्धताएँ कई उच्च आयवाले देशों के साथ तुलनीय हैं।
- विकास सहयोग से घरेलू संसाधनों का लाभ उठाने और स्थानीय क्षमता का निर्माण करने में मदद मिलनी चाहिए।

हालाँकि, भारत के क्रेडिट कार्यक्रम में यह अनिवार्य है कि 75 प्रतिशत इनपुट भारत से प्राप्त किया जाए, देश विशेष परिस्थितियों के अनुसार इस नियम को छूट प्रदान करता है। मेजबान देश के मानव संसाधनों के दोहन में भारत का विकास सहयोग महत्त्वपूर्ण भूमिका निभाता है। उदाहरण के लिए, अफ्रीका के साथ प्रधानमंत्री नरेंद्र मोदी ने सन् 2018 में युगांडा की यात्रा के दौरान रेखांकित किया कि कैसे भारत का लक्ष्य अधिक-से-अधिक स्थानीय

क्षमता का निर्माण करना और जितना संभव हो, उतना स्थानीय अवसर पैदा करना है।

- विकास सहयोग भागीदारों को सभी क्षेत्रों में प्रतिस्पर्धी नीतियों के विपरीत सुसंगत नीतियाँ बनाने के लिए एक समग्र दृष्टिकोण अपनाना चाहिए।

चूँकि भारत की विकास परियोजनाओं का चयन मेजबान देश द्वारा उनकी जरूरतों और प्राथमिकताओं के आधार पर किया जाता है, इसलिए संभावना कम है कि सभी क्षेत्रों में नीतियाँ एक-दूसरे के साथ प्रतिस्पर्धा कर सकेंगी।

- सतत विकास लक्ष्य की निगरानी और कार्यान्वयन में स्थानीय अधिकारियों व नागरिकों को लगाया जाना चाहिए।

जबकि सतत विकास लक्ष्य की निगरानी और कार्यान्वयन में स्थानीय अधिकारियों व नागरिकों को शामिल करना आवश्यक है, कई छोटे देशों में वास्तविक क्षमता की कमी है, जहाँ भारत विकास परियोजनाओं को लागू करता है। यह एक ऐसा क्षेत्र है, जिसमें सुधार की आवश्यकता है और मेजबान सरकारों को सतत विकास लक्ष्य के प्रभावी कार्यान्वयन को सुनिश्चित करने के लिए अपने प्रयासों को तेज करना चाहिए।

जबकि सतत विकास लक्ष्य की निगरानी और कार्यान्वयन में स्थानीय अधिकारियों व नागरिकों को शामिल करना आवश्यक है, कई छोटे देशों में वास्तविक क्षमता की कमी है, जहाँ भारत विकास परियोजनाओं को लागू करता है।

विकसित भारत बनने के लक्ष्य

हाल के वर्षों में जीवन प्रत्याशा बढ़ाने और बाल एवं मातृ मृत्यु दर के कुछ सामान्य कारणों को कम करने में महत्त्वपूर्ण प्रगति की गई है। वर्ष 2000 एवं 2016 के बीच दुनिया भर में पाँच साल से कम उम्र के बच्चों की मृत्यु

दर में 47 प्रतिशत की कमी आई (प्रति 1,000 जीवित जन्मों पर 78 मौतों से प्रति 1,000 जीवित जन्मों पर 41 मृत्यु)। फिर भी, पाँच साल से कम उम्र में मरनेवाले बच्चों की संख्या बहुत अधिक है—2016 में लगभग 56 लाख।

स्वास्थ्य कल्याण में लक्ष्य की ओर प्रगति को मापने के लिए 13 लक्ष्य एवं 28 संकेतक हैं। पहले नौ लक्ष्य 'परिणाम लक्ष्य' हैं। वे हैं—मातृ मृत्यु दर में कमी; पाँच साल से कम उम्र में सभी रोकी जा सकनेवाली मौतों को समाप्त करना; संचारी रोगों से लड़ना; गैर-संचारी रोगों से मृत्यु दर में कमी सुनिश्चित करना और मानसिक स्वास्थ्य को बढ़ावा देना; मादक द्रव्यों के सेवन को रोकना तथा उसका इलाज करना; सड़क चोटों एवं मौतों को कम करना; यौन व प्रजनन देखभाल, परिवार नियोजन एवं शिक्षा के लिए सार्वभौमिक पहुँच प्रदान करना; सार्वभौमिक स्वास्थ्य कवरेज प्राप्त करना; खतरनाक रसायनों और प्रदूषण से होनेवाली बीमारियों व मौतों को कम करना, तंबाकू नियंत्रण पर डब्ल्यू. एच.ओ. फ्रेमवर्क कन्वेंशन को लागू करना; सस्ते टीकों एवं दवाओं के लिए अनुसंधान, विकास और सार्वभौमिक पहुँच का समर्थन करना; विकासशील देशों में स्वास्थ्य वित्त-पोषण में वृद्धि एवं स्वास्थ्य कार्यबल का समर्थन करना और वैश्विक स्वास्थ्य जोखिमों के लिए प्रारंभिक चेतावनी प्रणाली में सुधार करना।

स्वास्थ्य कल्याण में लक्ष्य की ओर प्रगति को मापने के लिए 13 लक्ष्य एवं 28 संकेतक हैं। पहले नौ लक्ष्य 'परिणाम लक्ष्य' हैं। वे हैं—मातृ मृत्यु दर में कमी; पाँच साल से कम उम्र में सभी रोकी जा सकनेवाली मौतों को समाप्त करना"

स्कूली शिक्षा

समावेशी और समान गुणवत्तापूर्ण शिक्षा सुनिश्चित करना और सभी के लिए आजीवन सीखने के अवसरों को बढ़ावा देना। विशेष रूप से प्राथमिक विद्यालय स्तर पर लड़कों व लड़कियों दोनों के लिए शिक्षा तक पहुँच में बड़ी प्रगति हुई है।

इसके लक्ष्य हैं—मुफ्त प्राथमिक और माध्यमिक शिक्षा; गुणवत्तापूर्ण पूर्व प्राथमिक शिक्षा तक समान पहुँच; सस्ती तकनीकी, व्यावसायिक एवं उच्च शिक्षा; वित्तीय सफलता के लिए प्रासंगिक कौशलवाले लोगों की संख्या में वृद्धि; शिक्षा में सभी भेदभावों का उन्मूलन; सार्वभौमिक साक्षरता एवं संख्यात्मकता; और सतत विकास, वैश्विक नागरिकता के लिए शिक्षा, समावेशी और सुरक्षित स्कूलों का निर्माण व उन्नयन; विकासशील देशों के लिए उच्च शिक्षा छात्रवृत्ति का विस्तार और विकासशील देशों में योग्य शिक्षकों की आपूर्ति में वृद्धि करना।

लैंगिक समानता

लैंगिक समानता हासिल करना और सभी स्त्रियों व लड़कियों को सशक्त बनाना। सन् 2020 में राष्ट्रीय संसद् के एकल या निचले सदनों में महिलाओं का प्रतिनिधित्व 25 प्रतिशत तक पहुँच गया, जो 2015 में 22 प्रतिशत से थोड़ा अधिक था। अब स्थानीय स्तर पर महिलाओं की निर्णय लेने की स्थिति में बेहतर पहुँच है। 'किसी को पीछे न छोड़ें' की प्रतिज्ञा के माध्यम से भेदभाव या बिना हिंसा के देशों ने सबसे पीछे रहनेवालों को तेजी से प्रगति करने के लिए प्रतिबद्ध किया है। यह लैंगिक समानता हासिल करने और सभी स्त्रियों व लड़कियों को सशक्त बनाने के लिए है।

लैंगिक समानता हासिल करना और सभी स्त्रियों व लड़कियों को सशक्त बनाना। सन् 2020 में राष्ट्रीय संसद् के एकल या निचले सदनों में महिलाओं का प्रतिनिधित्व 25 प्रतिशत तक पहुँच गया, जो 2015 में 22 प्रतिशत से थोड़ा अधिक था। अब स्थानीय स्तर पर महिलाओं की निर्णय लेने की स्थिति में बेहतर पहुँच है।

स्वच्छ जल और स्वच्छता

सभी के लिए स्वच्छता का उदाहरण है—सभी के लिए पानी एवं स्वच्छता की उपलब्धता और सतत प्रबंधन सुनिश्चित करना।

इसमें शामिल हैं—सुरक्षित और किफायती पेयजल; खुले में शौच को समाप्त करना और स्वच्छता, स्वच्छता तक पहुँच प्रदान करना, पानी की गुणवत्ता में सुधार, अपशिष्ट जल उपचार और सुरक्षित पुनरुपयोग, जल-उपयोग दक्षता में वृद्धि और मीठे पानी की आपूर्ति सुनिश्चित करना, एकीकृत जल संसाधन प्रबंधन (आई.डब्ल्यू.आर.एम.) को लागू करना, पानी से संबंधित पारिस्थितिक तंत्र की रक्षा और पुनर्स्थापित करना। विकासशील देशों में पानी और स्वच्छता सहायता का विस्तार करना तथा जल एवं स्वच्छता प्रबंधन में स्थानीय जुड़ाव का समर्थन करना है।

सस्ती और स्वच्छ ऊर्जा

इसका उद्देश्य है—'सभी के लिए सस्ती, विश्वसनीय, टिकाऊ और आधुनिक ऊर्जा तक पहुँच सुनिश्चित करना।' कई देशों, विशेष रूप से भारत, बांग्लादेश और केन्या में बिजली की पहुँच बढ़ाने में प्रगति हुई है। सन् 2016 में नवीकरणीय ऊर्जा वैश्विक कुल ऊर्जा खपत का 17.5 प्रतिशत थी। अक्षय ऊर्जा (बिजली, गरमी और परिवहन) के तीन अंतिम उपयोगों में से—बिजली के संबंध में—नवीकरणीय ऊर्जा का उपयोग सबसे तेजी से बढ़ा है।

वर्ष 2018 और 2030 के बीच वार्षिक औसत निवेश को ऊर्जा पहुँच का विस्तार करने के लिए लगभग 55 अरब डॉलर, नवीकरणीय ऊर्जा को बढ़ाने के लिए 700 अरब डॉलर और ऊर्जा दक्षता में सुधार के लिए 600 अरब डॉलर तक पहुँचने की आवश्यकता होगी।

वर्ष 2018 और 2030 के बीच वार्षिक औसत निवेश को ऊर्जा पहुँच का विस्तार करने के लिए लगभग 55 अरब डॉलर, नवीकरणीय ऊर्जा को बढ़ाने के लिए 700 अरब डॉलर और ऊर्जा दक्षता में सुधार के लिए 600 अरब डॉलर तक पहुँचने की आवश्यकता होगी।

इस लक्ष्य को वर्ष 2030 तक हासिल करने के लिए पाँच बिंदु हैं—

आधुनिक ऊर्जा तक सार्वभौमिक पहुँच, अक्षय ऊर्जा के वैश्विक प्रतिशत में वृद्धि, ऊर्जा दक्षता में दोगुना सुधार। शेष दो लक्ष्य 'लक्ष्य प्राप्त करने के साधन' हैं—स्वच्छ ऊर्जा में अनुसंधान, प्रौद्योगिकी एवं निवेश तक पहुँच को बढ़ावा देना और विकासशील देशों के लिए ऊर्जा सेवाओं का विस्तार तथा उन्नयन। दूसरे शब्दों में, इन लक्ष्यों में वैश्विक ऊर्जा मिश्रण में नवीकरणीय ऊर्जा की हिस्सेदारी को बढ़ाते हुए सस्ती व विश्वसनीय ऊर्जा तक पहुँच शामिल है। इसमें ऊर्जा दक्षता में सुधार एवं स्वच्छ ऊर्जा प्रौद्योगिकी के लिए अधिक खुली पहुँच और स्वच्छ ऊर्जा बुनियादी ढाँचे में अधिक निवेश की सुविधा के लिए अंतरराष्ट्रीय सहयोग को बढ़ाना शामिल होगा। कम-से-कम विकसित देशों, छोटे द्वीपों और भूमि से घिरे विकासशील देशों के लिए बुनियादी ढाँचे के समर्थन पर विशेष ध्यान देने की योजना है।

इसमें निहित है—'निरंतर, समावेशी और सतत आर्थिक विकास; पूर्ण एवं उत्पादक रोजगार और सभी के लिए अच्छे काम को बढ़ावा देना।' पिछले पाँच वर्षों में कम-से-कम विकसित देशों में आर्थिक विकास 4.3 प्रतिशत की औसत दर से बढ़ रहा है। वर्ष 2018 में, प्रति व्यक्ति वास्तविक सकल घरेलू उत्पाद की वैश्विक विकास दर 2 प्रतिशत थी।

आर्थिक विकास

इसमें निहित है—'निरंतर, समावेशी और सतत आर्थिक विकास; पूर्ण एवं उत्पादक रोजगार और सभी के लिए अच्छे काम को बढ़ावा देना।' पिछले पाँच वर्षों में कम-से-कम विकसित देशों में आर्थिक विकास 4.3 प्रतिशत की औसत दर से बढ़ रहा है। वर्ष 2018 में, प्रति व्यक्ति वास्तविक सकल घरेलू उत्पाद की वैश्विक विकास दर 2 प्रतिशत थी। इसके अलावा, कम-से-कम विकसित देशों की दर वर्ष 2018 में 4.5 प्रतिशत और 2019 में 4.8 प्रतिशत थी, जो सतत विकास लक्ष्य 8 में लक्षित 7 प्रतिशत की वृद्धि दर से कम थी। वर्ष 2019 में दुनिया के 22

प्रतिशत युवा रोजगार, शिक्षा या प्रशिक्षण में नहीं थे। यह आँकड़ा वर्ष 2005 के बाद से शायद ही बदला है। युवा रोजगार को संबोधित करने का अर्थ है—उन युवाओं के साथ और उनके लिए समाधान खोजना, जो एक अच्छी और उत्पादक नौकरी की तलाश में हैं। इस तरह के समाधानों में आपूर्ति, यानी शिक्षा, कौशल विकास एवं प्रशिक्षण और माँग दोनों को संबोधित करना चाहिए। सन् 2018 में श्रम बल में लगी महिलाओं की संख्या 48 प्रतिशत थी, जबकि पुरुषों की संख्या 75 प्रतिशत थी।

आर्थिक विकास लक्ष्य को हासिल करने के लिए परिणाम लक्ष्य ये हैं—टिकाऊ आर्थिक विकास, आर्थिक उत्पादकता के लिए विविधता, नवाचार एवं उन्नयन, नौकरी सृजन और बढ़ते उद्यमों का समर्थन करने के लिए नीतियों को बढ़ावा देना, खपत और उत्पादन व संसाधन दक्षता में सुधार, 'समान वेतन के साथ पूर्ण रोजगार और सभ्य काम'; युवा रोजगार, शिक्षा और प्रशिक्षण को बढ़ावा; आधुनिक गुलामी, तस्करी और बाल श्रम को समाप्त करना; श्रम अधिकारों की रक्षा और सुरक्षित कार्य वातावरण को बढ़ावा; लाभकारी और टिकाऊ पर्यटन को बढ़ावा; बैंकिंग, बीमा एवं वित्तीय सेवाओं तक सार्वभौमिक पहुँच; व्यापार समर्थन के लिए सहायता बढ़ाना; एक वैश्विक युवा रोजगार रणनीति विकसित करना।

युवा रोजगार को संबोधित करने का अर्थ है—उन युवाओं के साथ और उनके लिए समाधान खोजना, जो एक अच्छी और उत्पादक नौकरी की तलाश में हैं। इस तरह के समाधानों में आपूर्ति, यानी शिक्षा, कौशल विकास एवं प्रशिक्षण और माँग दोनों को संबोधित करना चाहिए।

उद्योग, नवाचार और बुनियादी ढाँचा

इसके उद्देश्य हैं—लचीले बुनियादी ढाँचे का निर्माण; समावेशी और टिकाऊ औद्योगिकीकरण को बढ़ावा देना; नवाचार को बढ़ावा देना;

वित्तीय सेवाओं एवं बाजारों तक पहुँच बढ़ाना; स्थिरता के लिए सभी उद्योगों और बुनियादी ढाँचे का उन्नयन; अनुसंधान को बढ़ावा देना और औद्योगिक प्रौद्योगिकियों का उन्नयन करना; विकासशील देशों के लिए सतत बुनियादी ढाँचे के विकास को सुगम बनाना; घरेलू प्रौद्योगिकी विकास और औद्योगिक विविधीकरण का समर्थन; सूचना व संचार प्रौद्योगिकी तक सार्वभौमिक पहुँच।

असमानता में कमी

इसका उद्देश्य है—देशों के भीतर और देशों के बीच आय असमानता को कम करना। पुरुषों की तुलना में महिलाओं के भेदभाव का शिकार होने की संभावना अधिक होती है। विकलांग लोगों में 10 में से 3 ने व्यक्तिगत रूप से भेदभाव का अनुभव किया; विकलांग महिलाओं में अभी भी उच्च स्तरीय। इन महिलाओं द्वारा वर्णित भेदभाव का मुख्य आधार स्वयं विकलांगता नहीं था, बल्कि धर्म, जातीयता और लिंग थे, जो भेदभाव के विविध रूपों से निपटने के उपायों की तत्काल आवश्यकता की ओर इशारा करते थे।

इसका उद्देश्य है—देशों के भीतर और देशों के बीच आय असमानता को कम करना। पुरुषों की तुलना में महिलाओं के भेदभाव का शिकार होने की संभावना अधिक होती है। विकलांग लोगों में 10 में से 3 ने व्यक्तिगत रूप से भेदभाव का अनुभव किया; विकलांग महिलाओं में अभी भी उच्च स्तरीय।

वर्ष 2030 तक प्राप्त करने के लिए तय लक्ष्य है—आय असमानताओं को कम करना; सार्वभौमिक सामाजिक, आर्थिक व राजनीतिक समावेश को बढ़ावा देना; समान अवसर सुनिश्चित करना और भेदभाव समाप्त करना; समानता को बढ़ावा देनेवाली राजकोषीय एवं सामाजिक नीतियों को अपनाना; वैश्विक वित्तीय बाजारों और संस्थानों का बेहतर विनियमन; वित्तीय संस्थानों में विकासशील देशों के लिए प्रतिनिधित्व बढ़ाना; जिम्मेदार और अच्छी तरह

से प्रबंधित प्रवासन नीतियाँ; विकसित देशों में विकास सहायता एवं निवेश को प्रोत्साहित करना; प्रवासी प्रेषण के लिए लेन-देन लागत को कम करना।

स्थायी शहर और समुदाय

विकसित भारत के लिए शहरों एवं मानव बस्तियों को समावेशी, सुरक्षित, लचीला और टिकाऊ बनाना।

3.9 अरब लोग—दुनिया की आधी आबादी—वर्तमान में विश्व स्तर पर शहरों में रहती है। यह अनुमान है कि वर्ष 2030 तक 5 अरब लोग शहरों में रहेंगे। दुनिया भर के शहर पृथ्वी की केवल 3 प्रतिशत भूमि पर बसे हैं, फिर भी 60 से 80 प्रतिशत ऊर्जा खपत और 75 प्रतिशत कार्बन उत्सर्जन के लिए जिम्मेदार हैं।

इसे हासिल करने के लिए तय लक्ष्य हैं—सुरक्षित व किफायती आवास, किफायती व टिकाऊ परिवहन प्रणाली, समावेशी व टिकाऊ शहरीकरण, दुनिया की सांस्कृतिक एवं प्राकृतिक विरासत की सुरक्षा, प्राकृतिक आपदाओं के प्रतिकूल प्रभावों में कमी, शहरों के पर्यावरणीय प्रभावों में कमी तथा सुरक्षित व समावेशी सार्वजनिक स्थानों तक पहुँच प्रदान करना, मजबूत राष्ट्रीय व क्षेत्रीय विकास योजना, समावेश के लिए नीतियों को लागू करना, संसाधन दक्षता और कम-से-कम विकसित देशों को टिकाऊ एवं लचीले निर्माण में सहायता करने में आपदा जोखिम में कमी शामिल है।

3.9 अरब लोग—दुनिया की आधी आबादी—वर्तमान में विश्व स्तर पर शहरों में रहती है। यह अनुमान है कि वर्ष 2030 तक 5 अरब लोग शहरों में रहेंगे। दुनिया भर के शहर पृथ्वी की केवल 3 प्रतिशत भूमि पर बसे हैं, फिर भी 60 से 80 प्रतिशत ऊर्जा खपत और 75 प्रतिशत कार्बन उत्सर्जन के लिए जिम्मेदार हैं। बढ़ते शहरीकरण के लिए भोजन, ऊर्जा एवं पानी जैसे बुनियादी संसाधनों तक पहुँच में वृद्धि और सुधार की आवश्यकता

है। इसके अलावा स्वच्छता, स्वास्थ्य, शिक्षा, गतिशीलता और सूचना जैसी बुनियादी सेवाओं की आवश्यकता है। हालाँकि, इन आवश्यकताओं को विश्व स्तर पर पूरा नहीं किया गया है, जो भविष्य की बढ़ती माँगों को पूरा करने के लिए शहरों की व्यवहार्यता और सुरक्षा के लिए गंभीर चुनौतियों का कारण बनता है।

> ***प्राकृतिक संसाधनों के सतत प्रबंधन एवं कुशल उपयोग को प्राप्त करना; खुदरा और उपभोक्ता स्तरों पर प्रति व्यक्ति वैश्विक खाद्य अपशिष्ट को आधे से कम करना और उत्पादन एवं आपूर्ति शृंखलाओं के साथ खाद्य हानियों में कमी, जिसमें कटाई के बाद के नुकसान शामिल हैं...***

खपत और उत्पादन

स्थायी खपत और उत्पादन पैटर्न सुनिश्चित करना। इनमें अन्य बातों के अलावा प्लास्टिक कचरे को कम करना, घरेलू पुनश्चक्रण में वृद्धि और वैश्विक प्लास्टिक अपशिष्ट व्यापार पर कम निर्भरता शामिल हैं।

अन्य लक्ष्य हैं—प्राकृतिक संसाधनों के सतत प्रबंधन एवं कुशल उपयोग को प्राप्त करना; खुदरा और उपभोक्ता स्तरों पर प्रति व्यक्ति वैश्विक खाद्य अपशिष्ट को आधे से कम करना और उत्पादन एवं आपूर्ति शृंखलाओं के साथ खाद्य हानियों में कमी, जिसमें कटाई के बाद के नुकसान शामिल हैं; अपने पूरे जीवन-चक्र में रसायनों और सभी कचरे के पर्यावरणीय रूप से ध्वनि प्रबंधन को प्राप्त करना; रोकथाम, कमी, पुनश्चक्रण और पुनरुपयोग के माध्यम से अपशिष्ट उत्पादन को कम करना; स्थायी प्रथाओं को अपनाने के लिए कंपनियों को प्रोत्साहित करना; सार्वजनिक खरीद प्रथाओं को बढ़ावा देना, जो टिकाऊ हैं और सुनिश्चित करना कि हर जगह लोगों के पास सतत विकास के लिए प्रासंगिक जानकारी एवं जागरूकता, विकासशील देशों को उनकी वैज्ञानिक व तकनीकी क्षमता को मजबूत करने के लिए समर्थन; सतत विकास प्रभावों की निगरानी के

लिए उपकरणों का विकास एवं कार्यान्वयन और बाजार की विकृतियों को दूर करना।

जलवायु नियमन

जलवायु परिवर्तन और इसके प्रभावों का मुकाबला करने के लिए उत्सर्जन को विनियमित करके नवीकरणीय ऊर्जा में विकास को बढ़ावा देकर तत्काल काररवाई करना। जल, खाद्य और मानव सुरक्षा सहित जलवायु जोखिमों को कम करने और सतत विकास प्राथमिकताओं को संबोधित करने के लिए जलवायु कार्यों में तेजी लाने तथा एक उचित संक्रमण की दिशा में प्रगति आवश्यक है। सतत विकास के संदर्भ में काररवाई को तेज करने में न केवल परिवर्तन की गति में तेजी लाना शामिल है, बल्कि भेद्यता और उच्च उत्सर्जन (परिवर्तन की गुणवत्ता और गहराई) के अंतर्निहित चालकों को संबोधित करना और विविध समुदायों, क्षेत्रों, हितधारकों, क्षेत्रों एवं संस्कृतियों को सक्षम करना शामिल है।

वर्ष 2010-2019 के बीच का दशक इतिहास में दर्ज किया गया सबसे गरम दशक था। वर्तमान में जलवायु परिवर्तन दुनिया भर के हर देश में वैश्विक समुदाय को प्रभावित कर रहा है। जलवायु परिवर्तन का प्रभाव न केवल राष्ट्रीय अर्थव्यवस्थाओं को प्रभावित करता है, बल्कि जीवन और आजीविका को भी प्रभावित करता है, विशेष रूप से कमजोर परिस्थितियों में।

वर्ष 2010-2019 के बीच का दशक इतिहास में दर्ज किया गया सबसे गरम दशक था। वर्तमान में जलवायु परिवर्तन दुनिया भर के हर देश में वैश्विक समुदाय को प्रभावित कर रहा है। जलवायु परिवर्तन का प्रभाव न केवल राष्ट्रीय अर्थव्यवस्थाओं को प्रभावित करता है, बल्कि जीवन और आजीविका को भी प्रभावित करता है, विशेष रूप से कमजोर परिस्थितियों में।

वर्ष 2018 तक जलवायु परिवर्तन ने प्राकृतिक आपदाओं की आवृत्ति

को बढ़ाना जारी रखा, जैसे कि बड़े पैमाने पर जंगल की आग, सूखा, तूफान और बाढ़ आदि। वर्ष 2000-2018 की अवधि में संक्रमण में विकसित देशों के ग्रीनहाउस उत्सर्जन में 6.5 प्रतिशत की गिरावट आई। हालाँकि, विकासशील देशों के उत्सर्जन में वर्ष 2000 और 2013 के बीच की अवधि में 43 प्रतिशत की वृद्धि हुई। वर्ष 2019 में 153 विकासशील देशों में से कम-से-कम 120 ने राष्ट्रीय अनुकूलन योजनाओं को तैयार करने और लागू करने के लिए गतिविधियाँ शुरू कीं।

पानी के नीचे जीवन

सतत विकास के लिए महासागरों, समुद्रों और समुद्री संसाधनों का संरक्षण एवं सतत उपयोग करना। महासागरों, समुद्री वातावरण और छोटे पैमाने के मछुआरों की सुरक्षा के मौजूदा प्रयास संसाधनों की रक्षा की आवश्यकता को पूरा नहीं कर रहे हैं। ओवरफिशिंग के प्रमुख कारकों में से एक अवैध मछली पकड़ना है। यह समुद्री पारिस्थितिक तंत्र के लिए खतरा है, खाद्य सुरक्षा एवं क्षेत्रीय स्थिरता को खतरे में डालता है और प्रमुख मानवाधिकारों के उल्लंघन और यहाँ तक कि संगठित अपराध से भी जुड़ा हुआ है। समुद्र के तापमान में वृद्धि और ऑक्सीजन की हानि समुद्र के अम्लीकरण के साथ-साथ कार्य करती है और समुद्री पर्यावरण पर जलवायु परिवर्तन के दबाव के घातक कारण उभरते हैं।

> ***सतत विकास के लिए महासागरों, समुद्रों और समुद्री संसाधनों का संरक्षण एवं सतत उपयोग करना। महासागरों, समुद्री वातावरण और छोटे पैमाने के मछुआरों की सुरक्षा के मौजूदा प्रयास संसाधनों की रक्षा की आवश्यकता को पूरा नहीं कर रहे हैं। ओवरफिशिंग के प्रमुख कारकों में से एक अवैध मछली पकड़ना है।***

महासागर और मत्स्य-पालन वैश्विक आबादी की आर्थिक, सामाजिक व पर्यावरणीय जरूरतों का समर्थन करते हैं। महासागर ग्रह के जीवन के

स्रोत और वैश्विक जलवायु प्रणाली के नियामक हैं। वे दुनिया के सबसे बड़े पारिस्थितिक तंत्र हैं, जहाँ लगभग 10 लाख ज्ञात प्रजातियाँ मौजूद हैं। महासागर पृथ्वी की सतह के दो-तिहाई से अधिक भाग को कवर करते हैं और इसमें ग्रह का 97 प्रतिशत जल होता है। वे ग्रह को रहने योग्य बनाने के लिए आवश्यक हैं। वर्षा जल, पेयजल और जलवायु—सभी समुद्र के तापमान एवं धाराओं द्वारा नियंत्रित होते हैं। 3 अरब से अधिक लोग अपनी आजीविका के लिए समुद्री जीवन पर निर्भर हैं। हालाँकि, औद्योगिक क्रांति के बाद से अम्लीकरण में 26 प्रतिशत की वृद्धि हुई है। महासागरों के सतत उपयोग को आगे बढ़ाने के लिए बढ़े हुए समुद्र के अम्लीकरण के प्रतिकूल प्रभावों को कम करने के लिए प्रभावी रणनीतियों की आवश्यकता है।

पानी के नीचे जीवन को संरक्षित करने के लिए विशेष रूप से समुद्री प्लास्टिक प्रदूषण से होनेवाले प्रभावों को कम करने से संबंधित है। इसके अन्य लक्ष्य हैं—समुद्री प्रदूषण को कम करना; पारिस्थितिक तंत्र की रक्षा और पुनर्स्थापना; समुद्र के अम्लीकरण को कम करना; टिकाऊ मछली पकड़ना; तटीय व समुद्री क्षेत्रों का संरक्षण"

पानी के नीचे जीवन को संरक्षित करने के लिए विशेष रूप से समुद्री प्लास्टिक प्रदूषण से होनेवाले प्रभावों को कम करने से संबंधित है। इसके अन्य लक्ष्य हैं—समुद्री प्रदूषण को कम करना; पारिस्थितिक तंत्र की रक्षा और पुनर्स्थापना; समुद्र के अम्लीकरण को कम करना; टिकाऊ मछली पकड़ना; तटीय व समुद्री क्षेत्रों का संरक्षण; अतिमछली पकड़ने में योगदान देनेवाली सब्सिडी समाप्त करना; समुद्री संसाधनों के सतत उपयोग से आर्थिक लाभ में वृद्धि करना; समुद्री स्वास्थ्य के लिए वैज्ञानिक ज्ञान, अनुसंधान एवं प्रौद्योगिकी को बढ़ाना; छोटे पैमाने के मछुआरों का समर्थन और अंतरराष्ट्रीय समुद्री कानून को लागू करना।

भूमि पर जीवन

स्थलीय परितंत्रों के सतत उपयोग की रक्षा करना, उसे बहाल करना और बढ़ावा देना; जंगलों का स्थायी प्रबंधन करना, मरुस्थलीकरण का मुकाबला करना, भूमि के क्षरण को रोकना और उलटना तथा जैव-विविधता के नुकसान को रोकना।

स्थलीय परितंत्रों के सतत उपयोग की रक्षा करना, उसे बहाल करना और बढ़ावा देना; जंगलों का स्थायी प्रबंधन करना, मरुस्थलीकरण का मुकाबला करना, भूमि के क्षरण को रोकना और उलटना तथा जैव-विविधता के नुकसान को रोकना।

मनुष्य जीने के लिए पृथ्वी और महासागरों पर निर्भर है। इस लक्ष्य का उद्देश्य स्थायी आजीविका हासिल करना है, जिसका आनंद आनेवाली पीढ़ियों को मिलेगा। मानव आहार 80 प्रतिशत पादप जीवन से बना है, जो कृषि को एक प्रमुख आर्थिक संसाधन बनाता है। (86) वन पृथ्वी की सतह के 30 प्रतिशत हिस्से को कवर करते हैं, लाखों प्रजातियों के लिए महत्त्वपूर्ण आवास प्रदान करते हैं और स्वच्छ हवा एवं पानी के लिए महत्त्वपूर्ण स्रोत प्रदान करते हैं, साथ ही जलवायु परिवर्तन का मुकाबला करने के लिए महत्त्वपूर्ण हैं।

इसके लिए तय लक्ष्य हैं—स्थलीय व मीठे पानी के पारिस्थितिक तंत्र का संरक्षण और पुनर्स्थापना; वनों की कटाई को समाप्त करना और उजाड़ वनों को बहाल करना; मरुस्थलीकरण को समाप्त करना और बंजर भूमि को बहाल करना; पर्वतीय पारिस्थितिक तंत्र का संरक्षण सुनिश्चित करना; जैव-विविधता और प्राकृतिक आवासों की रक्षा करना; आनुवंशिक संसाधनों तक पहुँच और लाभों के उचित बँटवारे की रक्षा करना; संरक्षित प्रजातियों के अवैध शिकार एवं तस्करी को समाप्त करना; भूमि पर और जल पारिस्थितिक तंत्र में आक्रामक विदेशी प्रजातियों को रोकना; सरकारी योजना में पारिस्थितिकी तंत्र और जैव-विविधता को एकीकृत करना; पारिस्थितिकी तंत्र और जैव-

विविधता के संरक्षण एवं सतत उपयोग के लिए वित्तीय संसाधनों में वृद्धि तथा स्थायी वन प्रबंधन को वित्त-पोषित एवं प्रोत्साहित करना।

शांति, न्याय और मजबूत संस्थान

सतत विकास के लिए शांतिपूर्ण व समावेशी समाजों को बढ़ावा देना, सभी को न्याय प्रदान करना और सभी स्तरों पर प्रभावी, जवाबदेह एवं समावेशी संस्थानों का निर्माण करना।

हिंसक अपराध को कम करना, यौन तस्करी, जबरन श्रम और बाल शोषण स्पष्ट वैश्विक लक्ष्य हैं। अंतरराष्ट्रीय समुदाय शांति और न्याय को महत्त्व देता है। वे मजबूत न्यायिक प्रणाली का आह्वान करते हैं, जो कानूनों को लागू करेगी और एक अधिक शांतिपूर्ण व न्यायपूर्ण समाज की दिशा में काम करेगी। न्याय और महत्त्वपूर्ण सेवाओं तक पहुँचने के लिए सभी महिलाओं को निष्पक्ष एवं प्रभावी संस्थान की ओर मुड़ने में सक्षम होने की आवश्यकता है। हम किसी भी देश में शांति एवं स्थिरता के बिना सतत विकास की उम्मीद नहीं कर सकते।

हिंसक अपराध को कम करना, यौन तस्करी, जबरन श्रम और बाल शोषण स्पष्ट वैश्विक लक्ष्य हैं। अंतरराष्ट्रीय समुदाय शांति और न्याय को महत्त्व देता है। वे मजबूत न्यायिक प्रणाली का आह्वान करते हैं, जो कानूनों को लागू करेगी और एक अधिक शांतिपूर्ण व न्यायपूर्ण समाज की दिशा में काम करेगी।

एक अध्ययन से पता चला है कि उच्च आयवाले देशों में सबसे कम रिश्वतखोरी (औसतन 3.7 प्रतिशत) है, जबकि कम आयवाले देशों में सार्वजनिक सेवाओं (22.3 प्रतिशत) तक पहुँचने पर उच्च स्तर की रिश्वतखोरी होती है।

इसके लिए तय लक्ष्य हैं—हिंसा को कम करना; बच्चों को दुर्व्यवहार, शोषण, तस्करी एवं हिंसा से बचाना; कानून के शासन को बढ़ावा देना एवं

न्याय तक समान पहुँच सुनिश्चित करना; संगठित अपराध एवं अवैध वित्तीय और हथियारों के प्रवाह का मुकाबला करना; भ्रष्टाचार और रिश्वतखोरी को काफी हद तक कम करना; प्रभावी, जवाबदेह और पारदर्शी संस्थानों का विकास करना; उत्तरदायी, समावेशी एवं प्रतिनिधि निर्णय लेना सुनिश्चित करना; वैश्विक शासन में भागीदारी को मजबूत करना; सार्वभौमिक कानूनी पहचान प्रदान करना; सूचना तक सार्वजनिक पहुँच सुनिश्चित करना और मौलिक स्वतंत्रता की रक्षा करना; हिंसा को रोकने और अपराध एवं आतंकवाद का मुकाबला करने के लिए राष्ट्रीय संस्थानों को मजबूत करना; गैर-भेदभावपूर्ण कानूनों व नीतियों को बढ़ावा देना और लागू करना।

नीति आयोग की स्थापना

देश को विकसित राष्ट्र बनाने और सतत विकास लक्ष्यों को प्राप्त करने के क्रम में भारत सरकार ने 'नीति आयोग' की स्थापना की। मार्च 2018 में हरियाणा भारत का पहला राज्य बन गया, जिसका वार्षिक बजट 3 साल की कार्य-योजना और सतत विकास लक्ष्यों को लागू करने के लिए 7 साल की रणनीति योजना के साथ सतत विकास लक्ष्य की प्राप्ति पर केंद्रित था। जब हरियाणा सरकार के वित्त मंत्री ने वार्षिक 2018-19 बजट में 11,51,980 लाख रुपए (130 अरब रुपए, 1.6 अरब अमेरिकी डॉलर या 1.6 अरब यूरो के बराबर) का अनावरण किया। इसके अलावा, नीति आयोग ने वर्ष 2030 के लिए सतत विकास

देश को विकसित राष्ट्र बनाने और सतत विकास लक्ष्यों को प्राप्त करने के क्रम में भारत सरकार ने 'नीति आयोग' की स्थापना की। मार्च 2018 में हरियाणा भारत का पहला राज्य बन गया, जिसका वार्षिक बजट 3 साल की कार्य-योजना और सतत विकास लक्ष्यों को लागू करने के लिए 7 साल की रणनीति योजना के साथ सतत विकास लक्ष्य की प्राप्ति पर केंद्रित था।

लक्ष्य की दिशा में भारत और उसके राज्यों की प्रगति को मापने की कवायद शुरू की।

सतत विकास के लिए 2030 एजेंडा

- एजेंडे में लोगों, ग्रह और समृद्धि के लिए कार्य-योजना है। इसमें आर्थिक, सामाजिक और पर्यावरणीय आयाम शामिल हैं। इसका उद्देश्य समावेशी एवं समान गुणवत्तावाली शिक्षा सुनिश्चित करना और सभी के लिए आजीवन सीखने के अवसरों को बढ़ावा देना भी है।
- सुनिश्चित करना कि सभी लड़कियाँ व लड़के मुफ्त, समान और गुणवत्तावाली प्राथमिक एवं माध्यमिक शिक्षा पूरी करें, जिससे प्रासंगिक और प्रभावी शिक्षण परिणाम प्राप्त हो सकें।
- बिना किसी भेदभाव के सभी के लिए मुफ्त, सार्वजनिक रूप से वित्त-पोषित, समावेशी, न्यायसंगत, गुणवत्तापूर्ण प्राथमिक एवं माध्यमिक शिक्षा, जिनमें से कम-से-कम नौ साल अनिवार्य हैं।
- सभी लड़कियों व लड़कों के प्रारंभिक बचपन के विकास, देखभाल और पूर्व-प्राथमिक शिक्षा तक पहुँच हो, ताकि वे प्राथमिक शिक्षा के लिए तैयार हो सकें।
- कम-से-कम एक साल की मुफ्त और अनिवार्य गुणवत्तावाली पूर्व-प्राथमिक शिक्षा के प्रावधान को प्रोत्साहित करना, जो अच्छी तरह से प्रशिक्षित शिक्षकों के साथ-साथ बचपन के विकास और देखभाल के लिए दिया जाता है।
- वर्ष 2030 तक सभी महिलाओं व पुरुषों के लिए सस्ती एवं गुणवत्तापूर्ण विश्वविद्यालय सहित तकनीकी, व्यावसायिक और तृतीयक शिक्षा तक समान पहुँच सुनिश्चित करना।
- कौशल विकास और तकनीकी एवं व्यावसायिक शिक्षा व प्रशिक्षण (टी.वी.ई.टी.) की बाधाओं को कम करना, माध्यमिक स्तर से

शुरू करने के साथ-साथ तृतीयक शिक्षा, जिसमें विश्वविद्यालय भी शामिल हैं और युवाओं तथा वयस्कों के लिए आजीवन सीखने के अवसर प्रदान करना अनिवार्य है। मौजूदा अंतरराष्ट्रीय समझौतों के अनुरूप तृतीयक शिक्षा का प्रावधान उत्तरोत्तर मुक्त किया जाना चाहिए।

- वर्ष 2030 तक रोजगार, अच्छी नौकरियों और उद्यमिता के लिए तकनीकी व व्यावसायिक कौशल सहित प्रासंगिक कौशल रखनेवाले युवाओं एवं वयस्कों की संख्या में पर्याप्त वृद्धि करना।
- गुणवत्ता सुनिश्चित करते हुए टी.वी.ई.टी. तक समान पहुँच का विस्तार करने की आवश्यकता है। शिक्षा और प्रशिक्षण के तौर-तरीकों की एक विस्तृत शृंखला का उपयोग करते हुए सीखने के अवसरों को बढ़ाया और विविध किया जाना चाहिए, ताकि सभी युवा एवं वयस्क, विशेष रूप से लड़कियाँ व महिलाएँ, अच्छे काम और जीवन के लिए प्रासंगिक ज्ञान, कौशल और दक्षता हासिल कर सकें।

गुणवत्ता सुनिश्चित करते हुए टी.वी.ई.टी. तक समान पहुँच का विस्तार करने की आवश्यकता है। शिक्षा और प्रशिक्षण के तौर-तरीकों की एक विस्तृत शृंखला का उपयोग करते हुए सीखने के अवसरों को बढ़ाया और विविध किया जाना चाहिए, ताकि सभी युवा एवं वयस्क, विशेष रूप से लड़कियाँ व महिलाएँ, अच्छे काम और जीवन के लिए प्रासंगिक ज्ञान, कौशल और दक्षता हासिल कर सकें।

- उच्च स्तरीय संज्ञानात्मक एवं गैर-संज्ञानात्मक/हस्तांतरणीय कौशल विकसित करने पर जोर दिया जाना चाहिए; जैसे—समस्या समाधान, महत्त्वपूर्ण सोच, रचनात्मकता, टीम वर्क, संचार कौशल और संघर्ष

समाधान, जो व्यावसायिक क्षेत्रों की एक श्रृंखला में उपयोग किया जाता है।

- वर्ष 2030 तक शिक्षा में लैंगिक असमानताओं को समाप्त करना और विकलांग व्यक्तियों, स्वदेशी लोगों एवं कमजोर परिस्थितियों में बच्चों सहित कमजोर लोगों के लिए शिक्षा और व्यावसायिक प्रशिक्षण के सभी स्तरों तक समान पहुँच सुनिश्चित करना।
- सभी लोग, लिंग, उम्र, जाति, रंग, जातीयता, भाषा, धर्म, राजनीतिक या अन्य राय, राष्ट्रीय या सामाजिक मूल, संपत्ति या जन्म के साथ-साथ विकलांग व्यक्तियों, प्रवासियों, स्वदेशी लोगों के बावजूद और बच्चों तथा युवाओं, विशेष रूप से कमजोर परिस्थितियों या अन्य स्थिति में समावेशी, समान गुणवत्तावाली शिक्षा और आजीवन सीखने के अवसरों तक पहुँच होनी चाहिए। जिन कमजोर समूहों पर विशेष ध्यान देने और लक्षित रणनीतियों की आवश्यकता होती है, उनमें विकलांग व्यक्ति, स्वदेशी लोग, जातीय अल्पसंख्यक और गरीब शामिल हैं।
- सभी लड़कियों व लड़कों, महिलाओं व पुरुषों को उच्च गुणवत्ता की शिक्षा का आनंद लेने, समान स्तर पर शिक्षा प्राप्त करने और शिक्षा से समान लाभ प्राप्त करने का समान अवसर मिलना चाहिए। किशोर लड़कियों एवं युवा महिलाओं, जो लिंग-आधारित हिंसा, बाल विवाह, प्रारंभिक गर्भावस्था और घरेलू कामों के भारी बोझ के अधीन हो सकती हैं, साथ-ही-साथ गरीब और दूर-दराज के ग्रामीण क्षेत्रों में रहनेवाली महिलाओं पर विशेष ध्यान देने की आवश्यकता है। लैंगिक असमानता पर काबू पाने के उद्देश्य से नीतियाँ तब अधिक प्रभावी होती हैं, जब वे एक समग्र पैकेज का हिस्सा होती हैं, जो स्वास्थ्य, न्याय, सुशासन और बाल श्रम से मुक्ति को भी बढ़ावा देती हैं।
- वर्ष 2030 तक सुनिश्चित करें कि सभी युवा और वयस्कों का

पर्याप्त अनुपात, दोनों पुरुष व महिलाएँ, साक्षरता और संख्यात्मकता प्राप्त करें। वर्ष 2030 तक सभी युवाओं व वयस्कों को कार्यात्मक साक्षरता और संख्यात्मक कौशल में प्रासंगिक और मान्यता प्राप्त दक्षता स्तर हासिल करना चाहिए, जो बुनियादी शिक्षा के सफल समापन पर हासिल किए गए स्तरों के बराबर हो।

- वर्ष 2030 तक सुनिश्चित करें कि सभी शिक्षार्थी सतत विकास को बढ़ावा देने के लिए आवश्यक ज्ञान और कौशल प्राप्त करें, जिसमें अन्य के अलावा सतत विकास और सतत जीवन-शैली, मानव अधिकार, लिंग समानता, शिक्षा के माध्यम से शांति और अहिंसा की संस्कृति को बढ़ावा देना, वैश्विक नागरिकता एवं सांस्कृतिक विविधता और सतत विकास में संस्कृति के योगदान की सराहना शामिल हैं।

> ***वर्ष 2030 तक सुनिश्चित करें कि सभी शिक्षार्थी सतत विकास को बढ़ावा देने के लिए आवश्यक ज्ञान और कौशल प्राप्त करें, जिसमें अन्य के अलावा सतत विकास और सतत जीवन-शैली, मानव अधिकार, लिंग समानता, शिक्षा के माध्यम से शांति और अहिंसा की संस्कृति को बढ़ावा देना, वैश्विक नागरिकता एवं सांस्कृतिक विविधता और सतत विकास में संस्कृति के योगदान की सराहना शामिल हैं।***

- वर्ष 2030 तक व्यावसायिक प्रशिक्षण, सूचना व संचार प्रौद्योगिकी, तकनीकी सहित उच्च शिक्षा में नामांकन के लिए छात्रवृत्ति की संख्या का पर्याप्त विस्तार। छात्रवृत्ति कार्यक्रम युवा लोगों एवं वयस्कों के लिए अवसर प्रदान करने में महत्त्वपूर्ण भूमिका निभा सकते हैं, जो अन्यथा अपनी शिक्षा जारी रखने में सक्षम नहीं होंगे।

- वर्ष 2030 तक परिवार नियोजन, सूचना और शिक्षा तथा राष्ट्रीय रणनीतियों एवं कार्यक्रमों में प्रजनन स्वास्थ्य के एकीकरण सहित यौन और प्रजनन स्वास्थ्य सेवाओं तक सार्वभौमिक पहुँच सुनिश्चित करना।

विकसित लक्ष्यों के लिए साझेदारी

कार्यान्वयन के साधनों को मजबूत करना और सतत विकास के लिए वैश्विक साझेदारी को पुनरुज्जीवित करना। देश और संगठन प्रतिस्पर्धा के बजाय सहयोग करें। ज्ञान, विशेषज्ञता, प्रौद्योगिकी और वित्तीय सहायता साझा करने के लिए बहु-हितधारक भागीदारी विकसित करना समग्र सफलता के लिए महत्त्वपूर्ण माना जाता है।

कार्यान्वयन के साधनों को मजबूत करना और सतत विकास के लिए वैश्विक साझेदारी को पुनरुज्जीवित करना। देश और संगठन प्रतिस्पर्धा के बजाय सहयोग करें। ज्ञान, विशेषज्ञता, प्रौद्योगिकी और वित्तीय सहायता साझा करने के लिए बहु-हितधारक भागीदारी विकसित करना समग्र सफलता के लिए महत्त्वपूर्ण माना जाता है। लक्ष्य में सार्वजनिक-निजी भागीदारी, जिसमें नागरिक समाज शामिल है, का विशेष रूप से उल्लेख किया गया है।

सतत विकास को प्राप्त करने के लिए तीन पहलुओं या आयामों को एक साथ आने की आवश्यकता है—आर्थिक, सामाजिक-राजनीतिक एवं पर्यावरणीय आयाम—सभी गंभीर रूप से महत्त्वपूर्ण और अन्योन्याश्रित हैं। प्रगति के लिए तीनों क्षेत्रों में बहुविषयक और अंतर-अनुशासनात्मक अनुसंधान की आवश्यकता होगी। यह मुश्किल साबित होता है, जब सरकारें इसका समर्थन करने में विफल रहती हैं। सतत विकास क्षेत्रीय एकीकरण और सामाजिक समावेश को बढ़ा सकता है। समावेशन पर ध्यान देने की आवश्यकता है, क्योंकि देशों के भीतर और सभी

देशों में समानता उन संक्रमणों के लिए महत्त्वपूर्ण है, जो न केवल तेजी से, बल्कि टिकाऊ और न्यायपूर्ण भी हैं। संसाधनों की कमी, सामाजिक विभाजन, धन का असमान वितरण, खराब बुनियादी ढाँचा और उन्नत प्रौद्योगिकियों तक सीमित पहुँच विकासशील देशों के लिए स्थायी एवं न्यायपूर्ण संक्रमण प्राप्त करने के लिए विकल्पों व क्षमताओं को बाधित कर सकती है।

तय लक्ष्य सबसे पीछे समुदाय तक पहुँचना है। प्रतिबद्धताओं को प्रभावी कार्यों में परिवर्तित किया जाना चाहिए, जिसके लिए लक्षित आबादी की सही धारणा की आवश्यकता होती है। डाटा या जानकारी को सभी कमजोर समूहों, जैसे—बच्चों, बुजुर्गों, विकलांग व्यक्तियों, शरणार्थियों, स्वदेशी लोगों, प्रवासियों और आंतरिक रूप से विस्थापित व्यक्तियों को संबोधित करना चाहिए।

यदि महिला सशक्तीकरण और लैंगिक समानता को प्राथमिकता नहीं दी गई तो प्रगति रुक जाएगी। महिलाओं व लड़कियों में निवेश का अर्थव्यवस्थाओं पर सकारात्मक प्रभाव पड़ता है। महिलाओं व लड़कियों में राष्ट्रीय और वैश्विक विकास निवेश अकसर उनके प्रारंभिक दायरे से अधिक हो जाते हैं

लैंगिक समानता और शिक्षा

यदि महिला सशक्तीकरण और लैंगिक समानता को प्राथमिकता नहीं दी गई तो प्रगति रुक जाएगी। महिलाओं व लड़कियों में निवेश का अर्थव्यवस्थाओं पर सकारात्मक प्रभाव पड़ता है। महिलाओं व लड़कियों में राष्ट्रीय और वैश्विक विकास निवेश अकसर उनके प्रारंभिक दायरे से अधिक हो जाते हैं।

विकसित राष्ट्र के लिए सभी को शिक्षित करना अपरिहार्य। यह व्यक्तियों को सामाजिक, आर्थिक एवं राजनीतिक परिवर्तन को बढ़ावा देने के साथ-साथ अपने स्वयं के व्यवहार को बदलकर सतत विकास में योगदान करने में सक्षम बनाएगा।

शक्तिशाली विचार

- विकास ही जीवन और संकोच ही मृत्यु है।

—स्वामी विवेकानंद

- समय की पुकार मनुष्य को चुनौती देती है कि आगे बढ़ो।

—डिकिंस

- विकास ईश्वर की ओर अगला कदम है।

—विक्टर ह्यूगो

- मानव इतिहास का नियम है कि एक भी कदम पीछे न हो।

—थियोडोर पार्कर

- भारत को अपनी छाया पर चलना चाहिए; हमारा अपना विकास मॉडल होना चाहिए।

—ए.पी.जे. अब्दुल कलाम

- भारत के विकास और प्रगति में योगदान देना प्रत्येक व्यक्ति का कर्तव्य है।

—स्वामी विवेकानंद

- भारत व चीन के एक साथ विकास के बिना दुनिया का विकास और समृद्धि नहीं हो सकती।

—ली केकियांग

- मेरे पास एक आधुनिक भारत का विजन है। उस विजन को हकीकत में बदलने के लिए मैंने एक बड़े मिशन की शुरुआत की है। मेरा मंत्र है विकास।

—नरेंद्र मोदी

- यह स्वीकार करते हुए कि भारत का भविष्य का विकास अधिक-से-अधिक कौशल विकास पर निर्भर करेगा, कौशल विकास के लिए राष्ट्रीय नीति का लक्ष्य 2022 तक 50 करोड़ का कुशल कार्यबल बनाना है।

—पल्लम राजू

- भारत में अब हम देखते हैं कि कई उच्च एवं योग्य पेशेवर ग्रामीण इलाकों और अपने शहरों में सरकार पर निर्भर रहे बिना विकास के मुद्दों से सीधे निपटने के लिए काम करने के लिए तैयार हैं।

—जैकलीन नोवोग्रात्ज

- हमारे पास विकास के सात स्तंभ हैं। भारत में एक अत्याधुनिक सूचना प्रौद्योगिकी उद्योग है। हम एक प्रौद्योगिकी पार्क स्थापित कर रहे हैं। हम शिक्षा में प्रौद्योगिकी की पैठ देखना चाहते हैं। इसके अलावा हम फैशन, फिल्म-निर्माण, जहाज-निर्माण, शिक्षा, स्वास्थ्य और ऊर्जा जैसे उद्योगों में सहयोग देखना चाहेंगे।

—कमला प्रसाद बिसेसारी

- भारत हमारी आजादी के बाद से हुए बहुत से विकास के लिए जाना जाता है; लेकिन साथ ही हम कई स्तरों पर असफल भी हुए हैं।

भावी पीढ़ी की यह जिम्मेदारी है कि वह सुनिश्चित करे कि इन सभी विफलताओं को ठीक किया जाए और सभी के लिए समान अवसरों के साथ एक सभ्य समाज बनाने में मदद की जाए।

—एन.आर. नारायण मूर्ति

- चुनाव लोगों को विकास यात्रा का हिस्सा बनाने के लिए होना चाहिए, तभी भारत आगे बढ़ेगा।

—नरेंद्र मोदी

- हमें यह देखना होगा कि भारत के सभी क्षेत्रों, विशेष रूप से पूर्व और पश्चिम को विकास के मानकों में बराबरी पर लाया जाए।

—नरेंद्र मोदी

- मैं एक औषधीय जड़ी-बूटी लेकर आया हूँ, जिसे मैं भारत की समस्याओं के उपाय के रूप में पेश कर रहा हूँ। और वह औषधीय जड़ी-बूटी है—'विकास'।

—नरेंद्र मोदी

- 125 करोड़ मजबूत टीम इंडिया की वजह से भारत का विकास हो रहा है। हमें विकास की मिठास से जातिवाद व सांप्रदायिकता के अभिशाप को खत्म करना है।

—नरेंद्र मोदी

- भारत के प्रधानमंत्री ने कुछ महीने पहले मेरी सह-अध्यक्षता में एक

बैठक में कहा था कि कोई भी विकास, जो टिकाऊ नहीं है, वह विकास नहीं है।

—मौरिस स्ट्रॉन्ग

- यदि हमारे पास परमाणु ऊर्जा तक पहुँच है तो यह ऊर्जा सुरक्षा सुनिश्चित करने में हमारी गतिशीलता को बढ़ाता है, क्योंकि भारत तेजी से विकास के पथ पर आगे बढ़ रहा है।

—मनमोहन सिंह

- सौभाग्य से, भारत को एक बढ़ती हुई अर्थव्यवस्था मिली है। यदि यह कराधान के साथ सही काम कर रही है और मानव विकास के लिए सही क्षेत्रों पर ध्यान केंद्रित कर रही है तो उसे अपनी जरूरतों का खयाल रखने में कोई समस्या नहीं होगी।

—बिल गेट्स

□

2

गुलामी के हर अंश से मुक्ति

आप सोच सकते हैं कि गुलामी गुजरे जमाने की बात हो गई है; लेकिन इस समय दुनिया भर में करीब 5 करोड़ लोग गुलामी में फँसे हुए हैं। यह एक ऐसी समस्या है, जो आपके सहित पृथ्वी पर हर देश को प्रभावित करती है। गुलामी एक भयानक प्रथा है, जो मानव इतिहास की उत्पत्ति के बाद से अस्तित्व में है।

आजकल ऐसे लोगों का मिलना बहुत आम बात है, जो किसी-न-किसी प्रकार की गुलामी में जरूर जकड़े होते हैं, फिर चाहे वह गुलामी शारीरिक हो, आर्थिक हो या मानसिक।

मनुष्य अपने पर्यावरण, अनुभवों और अन्य कई तरह के कारकों से प्रभावित होता है, जहाँ उनके कार्य तथा राय उनके व्यक्तिगत दृष्टिकोण पर आधारित होते हैं और यही वह अपने दैनिक जीवन में दरशाता है।

हम एक ऐसी दुनिया में रहते हैं, जहाँ हर दिन महान् प्रगति और खोज की जाती है, जिसमें मनुष्य को दिन-प्रतिदिन प्रौद्योगिकियों और ज्ञान की एक नई दुनिया में विकसित करने के लिए प्रोग्राम किया जाता है। इससे हम अन्य लोगों से आसानी से जुड़ जाते हैं। हम उनकी संस्कृतियों, बोलियों, भाषाओं, सोचने के तरीकों, पहनावे आदि के बारे में सोचने लगते हैं और कई बार उनका अनुसरण करने लगते हैं। हमारे सोचने के तरीके को बदलना और जिस मानसिक गुलामी में हम जकड़ जाते हैं, उससे कई बार बाहर निकलना बड़ा मुश्किल हो जाता है।

प्रधानमंत्री मोदी ने इस तरह की हर गुलामी से बाहर निकलने का आह्वान किया है।

बहुत कम उम्र से ही हमें एक ऐसी संस्कृति में पढ़ाया और प्रोग्राम किया जाता है, जो हमें रूढ़ियों के साथ आबद्ध करती है, जिससे हम सहमत नहीं हो सकते हैं, लेकिन मजबूरी में उसका पालन करते हैं।

उदाहरण के लिए, हमें इस तरह की चीजें सिखाई जाती हैं—महिलाओं के लिए गुलाबी रंग और पुरुषों के लिए नीला; महिलाएँ कमजोर होती हैं और पुरुष मजबूत; महिलाओं को अपने बच्चों के बारे में पता होना चाहिए, जबकि पुरुष काम करते हैं; पुरुष रोता नहीं है, पुरुष को डर नहीं लग सकता; महिला के लंबे बाल होने चाहिए, जबकि पुरुष के बाल छोटे होने चाहिए।

इस तरह के विचार मानसिक गुलामी को कम नहीं होने देते हैं और कई परिवार अपने सदस्यों को इनसे विमुख होना नहीं सिखाते। उपर्युक्त सभी बातें आज के समाज के लिए बड़ी समस्या रही हैं, क्योंकि इस समय ऐसे कई प्रतिमान मौजूद हैं, जो लोगों को अपनी राय नहीं बदलने देते।

इस तरह के विचार मानसिक गुलामी को कम नहीं होने देते हैं और कई परिवार अपने सदस्यों को इनसे विमुख होना नहीं सिखाते। उपर्युक्त सभी बातें आज के समाज के लिए बड़ी समस्या रही हैं, क्योंकि इस समय ऐसे कई प्रतिमान मौजूद हैं, जो लोगों को अपनी राय नहीं बदलने देते।

उदाहरण के लिए : यदि कोई व्यक्ति टैटू बनवाता है तो कई लोग इसे 'लत' कह देते हैं; यदि कोई व्यक्ति काले रंग के कपड़े पहनता है तो वह 'शैतान' कह दिया जाता है; यदि कोई महिला विवाह नहीं करना चाहती तो उसे गलत नजरों से देखा जाता है।

हमें मानव के रूप में व्यवहार करना चाहिए, दूसरे के लिए जज नहीं बन जाना चाहिए।

हम उस इनसान के लिए करुणा क्यों नहीं महसूस कर सकते हैं, जिसे उसी लिंग के दूसरे इनसान से प्यार हो गया? यह समझना इतना कठिन क्यों है कि एक महिला अपने शरीर के संबंध में अपना निर्णय स्वयं करने में सक्षम होना चाहती है?

हम यह क्यों नहीं समझ सकते कि हम सभी एक ही पेशे का अध्ययन करने के लिए पैदा नहीं हुए हैं?

> ***'गुलामी' शब्द में अब विभिन्न मानवाधिकारों के उल्लंघन शामिल हैं—पारंपरिक दासता और दास व्यापार के अलावा बच्चों की बिक्री, बाल वेश्यावृत्ति, बाल अश्लीलता, बाल श्रम का शोषण, लड़कियों का यौन उत्पीड़न, सशस्त्र संघर्षों में बच्चों का उपयोग, ऋण बंधन, मानव तस्करी एवं मानव अंगों की बिक्री, वेश्यावृत्ति द्वारा शोषण इत्यादि।***

'गुलामी' शब्द में अब विभिन्न मानवाधिकारों के उल्लंघन शामिल हैं—पारंपरिक दासता और दास व्यापार के अलावा बच्चों की बिक्री, बाल वेश्यावृत्ति, बाल अश्लीलता, बाल श्रम का शोषण, लड़कियों का यौन उत्पीड़न, सशस्त्र संघर्षों में बच्चों का उपयोग, ऋण बंधन, मानव तस्करी एवं मानव अंगों की बिक्री, वेश्यावृत्ति द्वारा शोषण इत्यादि।

गुलामी के और कई रूप हमारे चारों ओर हैं, जो अकसर सादी दृष्टि में छिपे होते हैं। लोग हमारे कपड़े बनाने, हमारे भोजन परोसने, हमारी फसल लेने, कारखानों में काम करने या घरों में रसोइया, सफाईकर्मी या नैनी के रूप में काम करने के गुलाम बन सकते हैं। आधुनिक गुलामी के शिकार लोगों को हिंसा या धमकियों का सामना करना पड़ सकता है, अपरिहार्य ऋण में मजबूर होना पड़ सकता है या उनका पासपोर्ट छीन लिया जा सकता है और निर्वासन की धमकी दी जा सकती है। बहुत से लोग इस जाल में फँस गए हैं, क्योंकि वे गरीबी या असुरक्षा से बचने, अपने जीवन को बेहतर बनाने और अपने परिवार का समर्थन करने की कोशिश कर रहे थे।

- जबरन मजदूरी और जबरन विवाह भी गुलामी हैं।
- आधुनिक गुलामी के शिकार लोगों में से लगभग एक-चौथाई बच्चे हैं।

कोविड-19 महामारी ने गुलामी की ओर ले जानेवाली स्थितियों को और बढ़ा दिया है। प्रवासी कामगार विशेष रूप से बँधुआ मजदूरी की चपेट में हैं। मानव तस्करी, जबरन वेश्यावृत्ति, श्रम, अपराध, विवाह या अंग हटाने जैसे उद्‍देश्यों के लिए, लोगों का शोषण करने के लिए हिंसा, धमकियों या जबरदस्ती का उपयोग, लोगों को भरती करना या उन्हें परेशान करना गुलामी ही है।

बँधुआ मजदूरी गुलामी का सबसे व्यापक रूप है। गरीबी में फँसे लोग पैसे उधार लेते हैं और कर्ज चुकाने के लिए काम करने को मजबूर होते हैं, अपनी रोजगार की स्थिति और कर्ज दोनों पर नियंत्रण खो देते हैं।

बँधुआ मजदूरी गुलामी का सबसे व्यापक रूप है। गरीबी में फँसे लोग पैसे उधार लेते हैं और कर्ज चुकाने के लिए काम करने को मजबूर होते हैं, अपनी रोजगार की स्थिति और कर्ज दोनों पर नियंत्रण खो देते हैं।

वंश-आधारित गुलामी (जहाँ लोग गुलामी में पैदा होते हैं) : गुलामी का एक बहुत पुराना रूप है, जहाँ लोगों को संपत्ति के रूप में माना जाता है और उनकी 'गुलाम' स्थिति मातृ रेखा से नीचे चली गई है।

बाल गुलामी : जब किसी और के लाभ के लिए किसी बच्चे का शोषण किया जाता है। इसमें बाल तस्करी, बाल सैनिक, बाल विवाह और बाल घरेलू गुलामी शामिल हो सकते हैं।

जबरन और जल्दी विवाह : जब किसी का विवाह उसकी मरजी के खिलाफ किया जाता है। अधिकांश बाल विवाह को गुलामी माना जा सकता है।

घरेलू गुलामी : घरेलू काम और घरेलू गुलामी हमेशा गुलामी नहीं होती है। जब इसे ठीक से नियमित किया जाता है तो कई लोगों के लिए आय का

एक महत्त्वपूर्ण स्रोत हो सकता है। हालाँकि, जब कोई व्यक्ति किसी अन्य व्यक्ति के घर में काम कर रहा होता है तो वे विशेष रूप से दुर्व्यवहार, शोषण और गुलामी के प्रति संवेदनशील हो सकते हैं; क्योंकि वे दृष्टि से छिपे हो सकते हैं और कानूनी सुरक्षा की कमी हो सकती है।

लोग गुलामी में फँस सकते हैं, क्योंकि वे अकसर गरीबी एवं बहिष्कार के परिणामस्वरूप छल-प्रपंच द्वारा शोषित होते हैं और कानून उनकी ठीक से रक्षा नहीं करता।

> ***लोग विशेष रूप से आधुनिक गुलामी के प्रति संवेदनशील हो सकते हैं, जब बाहरी परिस्थितियाँ उन्हें अपने परिवारों को आय के अवसरों की तलाश में जोखिम भरे निर्णय लेने के लिए प्रेरित करती हैं या जब लोगों को केवल शोषणकारी परिस्थितियों में नौकरियों में धकेल दिया जाता है।***

लोग विशेष रूप से आधुनिक गुलामी के प्रति संवेदनशील हो सकते हैं, जब बाहरी परिस्थितियाँ उन्हें अपने परिवारों को आय के अवसरों की तलाश में जोखिम भरे निर्णय लेने के लिए प्रेरित करती हैं या जब लोगों को केवल शोषणकारी परिस्थितियों में नौकरियों में धकेल दिया जाता है। किसी को भी बँधुआ मजदूरी के लिए मजबूर किया जा सकता है; लेकिन कमजोर परिस्थितियों में लोगों, जैसे—कर्ज में होना या उनके पासपोर्ट तक पहुँच न होना—सबसे अधिक जोखिम में हैं।

आज भी दुनिया भर में लोगों का शोषण किया जा रहा है और उन्हें गुलामी में धकेला जा रहा है। हालाँकि, यह अलग-अलग रूप ले सकता है। हमें हर जगह, हर किसी के लिए गुलामी को समाप्त करने के लिए प्रतिबद्ध होना चाहिए।

स्वतंत्रता दिवस पर लाल किले से प्रधानमंत्री नरेंद्र मोदी ने नागरिकों से देश की समृद्धि के लिए दृढ़ संकल्प के साथ काम करने और गुलामी के हर निशान से आजादी की बात कही।

आँकड़ों के अनुसार, आज दुनिया भर में लगभग 4.6 करोड़ लोग गुलामी में रहते हैं और उनमें से 1.8 करोड़ (39 प्रतिशत) भारत में हैं। हालाँकि, ये आँकड़े चौंकानेवाले हैं, लेकिन सच तो यह है कि भारत में गुलामी का इतना अधिक प्रचलन है।

भारत में मुख्य रूप से बँधुआ गुलामी और बाल गुलामी का बोलबाला है। बँधुआ गुलामी के अस्तित्व का पता भारतीय जमींदारी व्यवस्था से लगाया जा सकता है, जो जाति व्यवस्था को बनाए रखने के लिए बहुत अधिक निर्भर थी। गुलाम के बेटे को जमींदार की सेवा करके अपने पूर्वजों का कभी न खत्म होनेवाला कर्ज चुकाना पड़ता था। हालाँकि, स्वतंत्रता के बाद इस व्यवस्था को समाप्त कर दिया गया था, लेकिन जाति व्यवस्था के साथ इसकी परस्पर क्रिया के गंभीर परिणाम हुए हैं।

आधुनिक भारत में जाति न मरी है और न ही सुप्त है। आधुनिकता और विकास या भारतीय स्वतंत्रता की सुबह के साथ जाति गायब नहीं हुई। भारत में जाति व्यवस्था ने खुद को बदलती भारतीय अर्थव्यवस्था एवं राजनीति के अनुकूल बना लिया है और यह एक भारतीय के जीवन में एक महत्त्वपूर्ण स्थान रखती है।

आधुनिक भारत में जाति न मरी है और न ही सुप्त है। आधुनिकता और विकास या भारतीय स्वतंत्रता की सुबह के साथ जाति गायब नहीं हुई। भारत में जाति व्यवस्था ने खुद को बदलती भारतीय अर्थव्यवस्था एवं राजनीति के अनुकूल बना लिया है और यह एक भारतीय के जीवन में एक महत्त्वपूर्ण स्थान रखती है।

दलितों के खिलाफ अपराध आज भी हो रहे हैं। अनुसूचित जाति (दलित) और अनुसूचित जनजाति (आदिवासी) अत्याचार निवारण अधिनियम के तहत दर्ज मामलों की संख्या में भी हर साल वृद्धि हुई है।

निचली जाति के लोगों को न्याय प्राप्त करने में संघर्ष का सामना करना पड़ता है। जातीय दुर्व्यवहार के अधिकांश मामले और बलात्कार अकसर

समझौतों में समाप्त होता है। अनुसूचित जनजाति एवं अनुसूचित जाति की महिलाओं व लड़कियों को अभी भी भेदभाव और यौन हिंसा का सामना करना पड़ता है।

जातिवाद मानव अधिकारों का घोर उल्लंघन है और यह भारत में गुलामी के उच्च प्रसार के साथ निकटता से जुड़ा हुआ है। भारत में हाल के सकारात्मक कदमों के बावजूद अभी भी बहुत कुछ करना बाकी है।

आज भी भारत में गुलामी के सभी रूप प्रचलित हैं, जिसमें अंतर-पीढ़ी की बँधुआ मजदूरी, जबरन बाल श्रम, वाणिज्यिक यौन शोषण, जबरन भीख मँगवाना, गैर-राज्य सशस्त्र समूहों में जबरन भरती और जबरन विवाह शामिल हैं।

आज भी भारत में गुलामी के सभी रूप प्रचलित हैं, जिसमें अंतर-पीढ़ी की बँधुआ मजदूरी, जबरन बाल श्रम, वाणिज्यिक यौन शोषण, जबरन भीख मँगवाना, गैर-राज्य सशस्त्र समूहों में जबरन भरती और जबरन विवाह शामिल हैं।

लोग स्वीकार करते हैं कि उन्हें स्वयं या परिवार के किसी अन्य सदस्य द्वारा लिये गए ऋण को चुकाने के लिए काम पर रखा गया था।

तस्करों और वेश्यालय मालिकों द्वारा लड़कियों व महिलाओं को जबरन वेश्यावृत्ति के लिए मजबूर करने या ठगे जाने का वर्णन।

घरेलू कामगारों में स्वतंत्रता की कमी, लंबे समय तक काम करने, कम या न के बराबर मजदूरी तथा शारीरिक और यौन शोषण।

गली के भिखारियों को संगठित आपराधिक गिरोहों द्वारा भीख माँगने के लिए मजबूर किया जाता है।

भारत में बेटों को प्राथमिकता देने के कारण कन्या भ्रूण-हत्याएँ बढ़ीं, जिसके परिणामस्वरूप देश के कुछ हिस्सों में महिलाओं की संख्या कम हो गई और दुलहनों के लिए लड़कियों और महिलाओं की तस्करी को बढ़ावा मिला।

कुछ उदाहरणों में, लड़कियों को विवाह के लिए मजबूर किया जाता है और फिर उन्हें अवैतनिक मजदूरों के रूप में इस्तेमाल किया जाता है।

कई जगह विपक्षी समूहों द्वारा बच्चों को जबरन मुखबिर के रूप में भरती किया जा रहा है या लड़ने के लिए प्रशिक्षित किया जा रहा है।

हजारों भारतीय—बड़े पैमाने पर गरीब, ग्रामीण महिलाओं एवं बच्चों को हर साल तस्करों द्वारा शहरों में ले जाया जाता है, जो अच्छी नौकरी का वादा करते हैं, लेकिन उन्हें घरेलू या सेक्स वर्क या ईंट भट्ठों और कपड़ा कार्यशालाओं जैसे उद्योगों में जबरन रखा जाता है। कई मामलों में उन्हें भुगतान नहीं किया जाता या ऋण-बंधन में रखा जाता है। कुछ लापता हो जाते हैं। उनके परिवार उनका पता लगाने में असमर्थ होते हैं।

हजारों भारतीय—बड़े पैमाने पर गरीब, ग्रामीण महिलाओं एवं बच्चों को हर साल तस्करों द्वारा शहरों में ले जाया जाता है, जो अच्छी नौकरी का वादा करते हैं, लेकिन उन्हें घरेलू या सेक्स वर्क या ईंट भट्ठों और कपड़ा कार्यशालाओं जैसे उद्योगों में जबरन रखा जाता है।

भारत की विविध संस्कृतियों में गहरे निहित पितृसत्ता, जातिवाद और नस्लवाद भी गुलामी के तीव्र उत्प्रेरक हैं। अधिकार, भले ही कानूनी रूप से संरक्षित हों, लेकिन—राज्य, परिवार, न्यायपालिका, धार्मिक संस्थानों, कानून—सब कई स्थानों पर चुप्पी बना लेते हैं।

आज भी कई मामलों में महिलाओं से भेदभाव, घरेलू हिंसा एवं यौन उत्पीड़न से मुक्त होने के अपने अधिकारों और कानूनी अधिकार का दावा करना सामाजिक, आर्थिक व भावनात्मक रूप से बहुत जोखिम भरा है। यौन हिंसा की रिपोर्ट करने से कलंक होता है; कार्यस्थल उत्पीड़न की रिपोर्ट करने से काम छूटने का जोखिम होता है; घरेलू हिंसा के खिलाफ बोलने से बेघर हो सकते हैं और परिवार से संबंधित सुरक्षा का नुकसान हो सकता है।

इस पदानुक्रम में एजेंसी से वंचित बच्चे अजनबियों, उनके परिवारों

और समुदाय द्वारा हेर-फेर एवं शोषण के प्रति संवेदनशील होते हैं। दुनिया में कामकाजी बच्चों की संख्या भारत में सबसे ज्यादा है।

यह उन संबंधित हितधारकों के लिए एक संक्षिप्त चेकलिस्ट है, जो परिवर्तन में संलग्न होना चाहते हैं। यह कुछ कमजोरियों को दरशाता है—व्यक्तियों एवं समुदायों की पहचान; अर्थव्यवस्था के क्षेत्र और प्रणालीगत खामियाँ—जो गुलामी के आधुनिक और स्थायी रूपों के जोखिम को बढ़ाती हैं। इन सभी कमजोरियों को बढ़ा दिया गया है—और नए उजागर हुए हैं—महामारी द्वारा।

कुछ समुदायों को मैला ढोने जैसे पारंपरिक व्यवसायों के लिए मजबूर किया जाता है। 95 से 98 प्रतिशत मैला ढोनेवालों में दलित महिलाएँ हैं।

लिंग और यौन अल्पसंख्यक अपनी पहचान और/या काम के खिलाफ सामाजिक कलंक के कारण हाशिए पर हैं। उनमें से कई खुद को सहारा देने के लिए भीख माँगने और सेक्स वर्क करने के लिए मजबूर हैं। उनमें से अधिकांश अनौपचारिक कम वेतनवाले काम पर निर्भर हैं और उनके पास कोई बचत एवं सामाजिक पूँजी नहीं है।

लिंग और यौन अल्पसंख्यक अपनी पहचान और/या काम के खिलाफ सामाजिक कलंक के कारण हाशिए पर हैं। उनमें से कई खुद को सहारा देने के लिए भीख माँगने और सेक्स वर्क करने के लिए मजबूर हैं।

कृषि क्षेत्र रोजगार और जीविका के सबसे बड़े स्रोतों में से एक है। गुलामी के स्थल के रूप में इसका एक लंबा इतिहास रहा है। जातिवाद और वित्तीय बंधनों में परिवारों को कम या बिना मजदूरी के खेतों पर काम करने के लिए मजबूर किया जाता रहा है। सरकार द्वारा संचालित रोजगार गारंटी कार्यक्रमों को छोड़कर अधिकांश महिलाओं को पुरुषों को भुगतान की जानेवाली राशि का 40 से 60 प्रतिशत भुगतान किया जाता है।

कताई, कपड़ा एवं रेडीमेड परिधान क्षेत्र में, अधिकांश कारखानों तथा औद्योगिक केंद्रों में, महिलाओं की संख्या लगभग 80 प्रतिशत है और अकसर

उन्हें यौन उत्पीड़न का सामना करना पड़ता है। सामाजिक सुरक्षा, स्वास्थ्य बीमा, ई.एस.आई. या पेंशन के लिए कुछ प्रावधान हैं। मजदूरी अकसर न्यूनतम मजदूरी के आधे के करीब होती है, जो कि अपने आप में आधे से भी कम है। अकसर कारखाने के रिकॉर्ड में श्रमिकों को सूचीबद्ध नहीं किया जाता, इसलिए कोई पेपर ट्रेल नहीं होता है।

दायित्व को और कम करने के लिए कई उद्योग—जैसे परिधान निर्माण, कालीन बुनाई और बीड़ी रोलिंग—बड़ी संख्या में 'घर आधारित श्रमिकों' को रोजगार देते हैं। ये बड़े पैमाने पर उत्पीड़ित समुदायों की महिलाएँ व बच्चे हैं और उनकी 'रोजगार' की शर्तें अकसर गुलामी के समान होती हैं। कारखानों के बंद होने से इस जनसांख्यिकी में कमजोर व्यक्तियों की संख्या बढ़ जाती है और इस तरह से शोषित महिलाओं व बच्चों की संख्या में वृद्धि हो सकती है।

दायित्व को और कम करने के लिए कई उद्योग—जैसे परिधान निर्माण, कालीन बुनाई और बीड़ी रोलिंग—बड़ी संख्या में 'घर आधारित श्रमिकों' को रोजगार देते हैं। ये बड़े पैमाने पर उत्पीड़ित समुदायों की महिलाएँ व बच्चे हैं और उनकी 'रोजगार' की शर्तें अकसर गुलामी के समान होती हैं।

तमाम अंतरराष्ट्रीय अनुबंधों, राष्ट्रीय कानूनों और प्रक्रियाओं के बावजूद यह अच्छी तरह से स्थापित हो गया है कि अकेले आधिकारिक गतिविधियों से गुलामी के विभिन्न रूपों को समाप्त नहीं किया जा सकता।

नजरिए और रीति-रिवाजों को भी बदलना होगा, जो अकसर गहरी जड़ें जमा लेते हैं।

जनता को आगे बढ़कर मानवाधिकारों की रक्षा और भागीदारी में मदद करनी होगी।

धार्मिक एवं धर्मनिरपेक्ष संगठनों को अपने सदस्यों और आम जनता को शोषण के अमानवीय स्वरूप से अवगत कराने का प्रयास करना चाहिए।

माता-पिता और शिक्षक संघ गुलामी जैसी प्रथाओं के गंभीर परिणामों के बारे में जागरूकता बढ़ाने के लिए स्कूल कला प्रदर्शनियों एवं निबंध प्रतियोगिताओं का आयोजन करें।

इस प्रकार की गुलामी के निवारणार्थ लेखों के साथ-साथ रिपोर्टों में शोषण के मुद्दों से निपटने में मीडिया—टेलीविजन, रेडियो, समाचार-पत्रों एवं पत्रिकाओं में प्रचार-प्रसार। प्रचार करने के लिए सार्वजनिक हस्तियों की मदद लें। मीडिया में मानवाधिकारों का सम्मान करना और शोषण की समस्याओं के बारे में जनता को सूचित करना।

शक्तिशाली विचार

- अच्छा आदमी स्वतंत्र है, भले ही वह गुलाम हो। दुष्ट आदमी गुलाम होता है, चाहे वह राजा ही क्यों न हो।

—सेंट ऑगस्टाइन

- आज हमेशा की तरह पुरुष दो समूहों में आते हैं—दास और स्वतंत्र पुरुष। जिसके पास अपने दिन का दो-तिहाई हिस्सा अपने लिए नहीं है, वह गुलाम है, चाहे वह कुछ भी हो—राजनेता, व्यापारी, अधिकारी या विद्वान्।

—फ्रेडरिक नीत्शे

- अपने नियम स्वयं बनाएँ या किसी अन्य व्यक्ति के दास बनें।

—विलियम ब्लैक

- अगर आप अकेले नहीं रह सकते हैं तो आप गुलाम पैदा हुए हैं।

—फर्नांडो पेसोआ

- दास का केवल एक ही स्वामी होता है। महत्त्वाकांक्षी व्यक्ति के पास वे सभी स्वामी होते हैं, जो उसके उत्थान में योगदान दे सकते हैं।

—जीन डे ला ब्रुएर

- प्रेम के बिना काम गुलामी है।

—मदर टेरेसा

- कोई गरिमा नहीं है और उस व्यक्ति के लिए कोई वास्तविक जीवन नहीं है, जो दिन में बारह घंटे काम करता है, बिना यह जाने कि वह क्यों काम करता है।

—आंद्रे मलरॉक्स

- दासता चोरी है—एक जीवन की चोरी, काम की चोरी, किसी संपत्ति या उपज की चोरी, उन बच्चों की भी चोरी, जो एक दास ने पैदा किए होंगे।

—केविन बेल्स

- जो लोग दूसरों को स्वतंत्रता से वंचित करते हैं, वे अपने लिए इसके लायक नहीं हैं।

—अब्राहम लिंकन

- गुलामी और आजादी एक साथ नहीं हो सकतीं।

—अर्नेस्टाइन रोज

- मैं शांतिपूर्ण गुलामी की तुलना में खतरनाक स्वतंत्रता को प्राथमिकता देता हूँ।

—थॉमस जेफरसन

- यदि हम प्रत्येक प्राणी को स्वतंत्रता नहीं दे सकते हैं तो हम ऐसा कुछ भी न करें, जिससे किसी अन्य प्राणी पर दासता थोपी जा सके।

—अब्राहम लिंकन

- जिस क्षण दास यह निश्चय कर लेता है कि वह अब दास नहीं रहेगा, उसकी बेड़ियाँ गिर जाती हैं। स्वतंत्रता और दासता मानसिक अवस्थाएँ हैं।

—महात्मा गांधी

- अपने आप को मानसिक गुलामी से मुक्त करें। कोई और नहीं, बल्कि हम अपने मन को मुक्त कर सकते हैं।

—बॉब मार्ले

- दासता मानव स्वभाव का एक ऐसा घोर अपमान है कि यदि इसे सावधानीपूर्वक न किया गया तो यह कभी-कभी गंभीर बुराइयों का स्रोत बन सकता है।

—बेंजामिन फ्रैंकलिन

□

3

अपनी विरासत पर गर्व

प्रधानमंत्री नरेंद्र मोदी ने देशवासियों से अपनी संस्कृति पर गर्व करने को कहा।

"भारत के पास वह सांस्कृतिक विरासत और समृद्धि है, जिसकी पूरी दुनिया तलाश कर रही है। हम उन जरूरतों को पूरा कर सकते हैं; लेकिन यह तभी हो सकता है, जब हम अपनी विरासत पर गर्व करें। अगर हम इसे कोसते रहेंगे तो दुनिया क्यों देखेगी?"

हमारी विरासत

हमारी विरासत वह है, जो हमें अतीत से मिली है। हमारी विरासत में शामिल हैं—

मूर्त : हमारे ऐतिहासिक स्थल, इमारतें, स्मारक, संग्रहालयों में वस्तुएँ, कलाकृतियाँ और अभिलेखागार।

प्राकृतिक : हमारे जल मार्ग, परिदृश्य, जंगल, दलदल, ऊपरी भूमि, देशी वन्य जीव, कीड़े, पेड़-पौधे, पक्षी और जानवर।

अमूर्त : हमारे रीति-रिवाज, खेल, संगीत, नृत्य, लोकगीत, शिल्प, कौशल और परंपराएँ।

हमारी मूर्त, अमूर्त एवं प्राकृतिक विरासत और सभी संबंधित मिथक, किंवदंतियाँ, परंपराएँ तथा यादें हमें एक आम भाषा व अंतर्दृष्टि प्रदान करती हैं, जो हमें एक-दूसरे के साथ गहरे स्तर पर संवाद करने और खुद को एक

अनोखे तरीके से व्यक्त करने में सक्षम बनाती हैं।

विरासत महत्त्वपूर्ण है, क्योंकि यह हमारी पहचान को आकार देती है। इस पहचान की हमारी अभिव्यक्ति दूसरों को यह दिखाती है कि इसका हमारे जीवन में क्या महत्त्व है। यह हमारे मूल्यों और प्राथमिकताओं पर प्रकाश डालती है।

हमारी विरासत हमारे अतीत और हमारे समाज के विकास के बारे में जानकारी प्रदान करती है। यह हमें अपने इतिहास एवं परंपराओं की जाँच करने में मदद करती है और हमें अपने बारे में जागरूकता विकसित करने में सक्षम बनाती है। यह हमें यह समझने और समझाने में मदद करती है कि हम जैसे हैं, वैसे क्यों हैं।

हमारी विरासत हमारे अतीत और हमारे समाज के विकास के बारे में जानकारी प्रदान करती है। यह हमें अपने इतिहास एवं परंपराओं की जाँच करने में मदद करती है और हमें अपने बारे में जागरूकता विकसित करने में सक्षम बनाती है। यह हमें यह समझने और समझाने में मदद करती है कि हम जैसे हैं, वैसे क्यों हैं।

विरासत हमारी संस्कृति का एक महत्त्वपूर्ण आधार है, जो हमारी राजनीति, समाज, व्यापार और विश्व दृष्टिकोण में एक महत्त्वपूर्ण भूमिका निभाती है। यह प्रत्यक्ष एवं अप्रत्यक्ष रूप से सार्वजनिक बहस और नीति को सूचित, प्रभावित व प्रेरित करती है।

हमें अपनी विरासत को संरक्षित करना महत्त्वपूर्ण है, क्योंकि—

- एक स्थानीय विरासत परियोजना अतीत की कलाकृतियों की सुरक्षा और संरक्षण से कहीं अधिक हो सकती है।
- विरासत स्थानीय समुदायों को उसके विकास एवं संरक्षण के लिए जिम्मेदारी लेने और भाग लेने के लिए प्रोत्साहित करती है।
- स्थानीय विरासत को बढ़ाने, उपेक्षित क्षेत्रों को फिर से सक्रिय करने और स्थानीय लोगों को अपनी विरासत को फिर से देखने, फिर से

जुड़ने तथा फिर से व्याख्या करने के अवसर प्रदान करना भी उतना ही जरूरी है।

- इस तरह की परियोजनाएँ बढ़ी हुई भागीदारी के माध्यम से स्थानीय क्षेत्र में गर्व एवं अपनेपन की भावना पैदा करने में मदद करती हैं और समुदायों में आनंद का अनुभव कराती हैं।
- महत्त्वपूर्ण रूप से हमारी विरासत को बनाए रखना और बढ़ाना स्थानीय आर्थिक विकास एवं पर्यटन, कृषि, मनोरंजन, शिक्षा तथा व्यवसाय में आमतौर पर नवाचार के लिए एक आधार प्रदान करता है।

भारत की विरासत विश्व-प्रसिद्ध है। भारत पर्यटन उद्योग का केंद्र है, जो विदेशी आगंतुकों को आकर्षित करता है और स्थानीय अर्थव्यवस्थाओं में निवेश लाता है।

हमारी प्राकृतिक विरासत की गुणवत्ता हमारे गुणवत्तापूर्ण कृषि उत्पाद के मूल में है। हम पोषण एवं खाद्य सुरक्षा, स्वच्छ हवा और ताजे पानी के लिए स्वस्थ पारिस्थितिकी तंत्र पर भरोसा करते हैं।

विरासत नाजुक है। यह महत्त्वपूर्ण मानवीय अनुभव और आनंद के संदर्भ में बहुत कुछ प्रदान करती है। यह हमारे जीवन को समृद्ध बनाती है, हमें खुद को परिभाषित करने की अनुमति देती है; लेकिन इसकी निरंतर सुरक्षा और विकास की आवश्यकता होती है।

विरासत नाजुक है। यह महत्त्वपूर्ण मानवीय अनुभव और आनंद के संदर्भ में बहुत कुछ प्रदान करती है। यह हमारे जीवन को समृद्ध बनाती है, हमें खुद को परिभाषित करने की अनुमति देती है; लेकिन इसकी निरंतर सुरक्षा और विकास की आवश्यकता होती है।

हम स्थानीय अर्थव्यवस्था में विविधता लाने और अपने प्राकृतिक तथा सांस्कृतिक संसाधनों का संरक्षण करने में सक्षम हैं। पर्यटन हमारी परंपराओं को जीवित रखने, हमारे लोगों को सुरक्षित रखने और हमारे समुदाय को

गौरवान्वित रखने का हमारा तरीका बन गया है।

अपने समृद्ध और विविध परिदृश्यों के बीच राज्य व देश फले-फूले। इसका समृद्ध इतिहास कई जातीय समूहों से बँधे समुदायों के साथ एक अत्यधिक विविध आबादी से भरा है—हिंदू, मुसलिम, सिख, ईसाई, बौद्ध, पारसी और बहुत से अन्य समुदाय। ये अमूल्य सांस्कृतिक संपत्तियाँ भारत की विरासत हैं।

दुनिया के दूसरे सबसे ज्यादा आबादीवाले देश भारत की एकता इस बात पर निर्भर करती है कि वह विविधता को कैसे महत्त्व देता है। देश की आबादी और संस्कृति को बनानेवाली विभिन्न जातीय पृष्ठभूमि देश के अस्तित्व को निर्धारित करनेवाले आवश्यक तत्त्व हैं। भारत की आजादी की कहानी विपरीत परिस्थितियों के बीच विविधता का जश्न मनाती है। सरकार की प्रमुख जिम्मेदारियों में लोगों के विविध रीति-रिवाजों और परंपराओं को संरक्षित करने की प्रतिबद्धता है।

अपने समृद्ध और विविध परिदृश्यों के बीच राज्य व देश फले-फूले। इसका समृद्ध इतिहास कई जातीय समूहों से बँधे समुदायों के साथ एक अत्यधिक विविध आबादी से भरा है—हिंदू, मुसलिम, सिख, ईसाई, बौद्ध, पारसी और बहुत से अन्य समुदाय। ये अमूल्य सांस्कृतिक संपत्तियाँ भारत की विरासत हैं।

भारत की विविध विरासत एक पहचान है, जिसे इसकी वास्तुकला, साहित्य, इतिहास, परंपरा, व्यंजन और कई अन्य के माध्यम से मनाया जाना चाहिए।

असाधारण शक्ति से संपन्न 'भारत की मिट्टी' और अपनी विरासत पर हमें गर्व करना चाहिए। भारत को 'लोकतंत्र की जननी' बताते हुए प्रधानमंत्री नरेंद्र मोदी ने लाल किले से 15 अगस्त, 2022 को कहा कि यह एक 'असाधारण शक्ति' से संपन्न है, जिसने उन्हें स्वतंत्रता संग्राम के माध्यम से आगे बढ़ाया और यह भी कहा कि हर भारतीय को अपनी विरासत पर गर्व करना चाहिए, क्योंकि देश अपनी विरासत पर गर्व से ही आगे बढ़ता है।

पौराणिक कथाओं या लोकगीतों अथवा रीति-रिवाजों या यहाँ तक कि साहित्य हो, भारत विरासत और उत्कृष्ट कृतियों की भूमि है। किसी के राष्ट्र की विरासत बनानेवाले स्मारकों एवं प्राचीन संपत्तियों को पहचानने और उनकी सराहना करने का दिन—'विश्व विरासत दिवस' हमारे पूर्वजों द्वारा हमें दी गई विरासत को बनाए रखने का एक सामूहिक प्रयास है। हजारों साल पहले बनी हमारी पुश्तैनी परंपराओं और मूर्तियों का मूल्य आज विश्व स्तर पर अप्रतिम है।

विविधता की भूमि भारत कई धर्मों के लोकप्रिय ऐतिहासिक विरासत स्थलों का घर है, जिनका भारतीय अनुसरण करते हैं। इतिहास में एक समृद्ध विरासत के साथ भारत दक्षिण में चोलों एवं द्रविड़ों का घर रहा है और उत्तर में मुगलों व राजपूतों के लिए, प्रत्येक की अपनी अनूठी कहानी है।

भारतीय पर्यटन उद्योग को अत्यधिक प्रभावित करते हुए महाराष्ट्र में अजंता-एलोरा की गुफाएँ या कर्नाटक में हंपी जैसे विरासत स्थल यूनेस्को के द्वारा मान्य विश्व धरोहर स्थल हैं। दुनिया के सात अजूबों में से एक ताजमहल दुनिया के बाकी हिस्सों में भारत का चेहरा है, जो ऐतिहासिक रूप से प्रेम और बलिदान का प्रतीक है।

भारतीय पर्यटन उद्योग को अत्यधिक प्रभावित करते हुए महाराष्ट्र में अजंता-एलोरा की गुफाएँ या कर्नाटक में हंपी जैसे विरासत स्थल यूनेस्को के द्वारा मान्य विश्व धरोहर स्थल हैं। दुनिया के सात अजूबों में से एक ताजमहल दुनिया के बाकी हिस्सों में भारत का चेहरा है, जो ऐतिहासिक रूप से प्रेम और बलिदान का प्रतीक है। भारत में मुगल शासन ने लाल किला, कुतुब मीनार और जामा मसजिद जैसे स्मारकों के साथ देश में अपनी छाप छोड़ी है। भित्तिचित्र और लघुचित्र जैसे भारतीय चित्र समृद्ध भारतीय संस्कृति के बहुमूल्य शिल्प कौशल को प्रदर्शित करते हैं।

मांडू का किला—भारत का एक प्राचीन किला शहर—अपनी अफगान

स्थापत्य विरासत के लिए प्रसिद्ध है। कला, संगीत, शास्त्रीय नृत्य, वनस्पतियाँ और जीवों के खजाने—भारतीय इतिहास एवं वास्तुकला से परे—भारत की विरासत को जीवित रखें। भारतीय हस्तशिल्प, रेशम और सूती वस्त्रों की कलात्मक बुनाई, आभूषणों की स्थानीय विशिष्टता प्राचीन काल से चली आ रही है।

अपनी पहचान पर गर्व करना सीखना 'औपनिवेशिक मानसिकता' को छोड़ने जैसा है। इसलिए हमें अपनी विरासत, अपनी संस्कृति और अपने पूर्वजों पर गर्व महसूस करना चाहिए। हमें अपनी जड़ों की ओर वापस जाना चाहिए। हमें अपनी औपनिवेशिक मानसिकता को त्यागना चाहिए और अपने बच्चों को अपनी भारतीय पहचान पर गर्व करना सिखाना चाहिए।

हमें अपनी मातृभाषा से प्यार करना चाहिए। अपने शास्त्रों को जानने के लिए संस्कृत सीखनी चाहिए, जो ज्ञान का खजाना है। अपनी मातृभाषा का प्रचार-प्रसार करना चाहिए। आपकी मातृभाषा आपकी दृष्टि की तरह है, जबकि एक विदेशी भाषा का आपका ज्ञान आपके चश्मे की तरह है।

हमें अपनी मातृभाषा से प्यार करना चाहिए। अपने शास्त्रों को जानने के लिए संस्कृत सीखनी चाहिए, जो ज्ञान का खजाना है। अपनी मातृभाषा का प्रचार-प्रसार करना चाहिए। आपकी मातृभाषा आपकी दृष्टि की तरह है, जबकि एक विदेशी भाषा का आपका ज्ञान आपके चश्मे की तरह है।

मैकाले शिक्षा-प्रणाली के बजाय देशी शिक्षा को बढ़ावा दिया जाना चाहिए। मैकाले प्रणाली ने देश में शिक्षा के माध्यम के रूप में एक विदेशी भाषा को थोप दिया और शिक्षा को अभिजात वर्ग तक सीमित कर दिया।

सदियों के औपनिवेशिक शासन ने हमें खुद को एक निम्न जाति के रूप में देखना सिखाया। हमें अपनी संस्कृति एवं पारंपरिक ज्ञान का तिरस्कार करना सिखाया गया। इसने एक राष्ट्र के रूप में हमारे विकास को धीमा कर

दिया। शिक्षा के हमारे माध्यम के रूप में एक विदेशी भाषा को थोपने से शिक्षा समाज के एक छोटे से हिस्से तक सीमित हो गई, जिससे एक बड़ी आबादी शिक्षा के अधिकार से वंचित हो गई।

आज शिक्षा–प्रणाली का भारतीयकरण भारत की नई शिक्षा नीति का केंद्र है। इसमें मातृभाषाओं को बढ़ावा देने पर बहुत जोर दिया गया है।

भारत आनेवाले विदेशी गण्यमान्य व्यक्ति अंग्रेजी जानने के बावजूद अपनी मातृभाषा में बोलते हैं, क्योंकि उन्हें अपनी भाषा पर गर्व है।

'सर्वे भवन्तु सुखिनः' (सभी सुखी रहें) और 'वसुधैव कुटुंबकम्' (दुनिया एक परिवार है), जो हमारे प्राचीन ग्रंथों में निहित दर्शन है, आज भी भारत की विदेश नीति के मार्गदर्शक सिद्धांत हैं। किसी भी देश पर पहले हमला न करने की हमारी नीति का पूरी दुनिया में सम्मान किया जाता है। यह महान् योद्धा सम्राट् अशोक का देश है, जिन्होंने 'हिंसा पर अहिंसा और शांति' को चुना।

'सर्वे भवन्तु सुखिनः' (सभी सुखी रहें) और 'वसुधैव कुटुंबकम्' (दुनिया एक परिवार है), जो हमारे प्राचीन ग्रंथों में निहित दर्शन है, आज भी भारत की विदेश नीति के मार्गदर्शक सिद्धांत हैं। किसी भी देश पर पहले हमला न करने की हमारी नीति का पूरी दुनिया में सम्मान किया जाता है। यह महान् योद्धा सम्राट् अशोक का देश है, जिन्होंने 'हिंसा पर अहिंसा और शांति' को चुना।

एक समय था, जब दुनिया भर से लोग नालंदा और तक्षशिला के प्राचीन भारतीय विश्वविद्यालयों में पढ़ने के लिए आते थे; लेकिन अपनी समृद्धि के चरम पर भी भारत ने कभी किसी देश पर हमला करने के बारे में नहीं सोचा, क्योंकि हम दृढ़ता से मानते हैं कि दुनिया को शांति की जरूरत है।

इसलिए, भारतीय विरासत को महान् और जीवंत कहा गया है। वनस्पति और जीव, संगीत, वास्तुकला, शास्त्रीय नृत्य और इसके लोगों का जन्मजात

धर्मनिरपेक्ष दर्शन भारत के खजाने का मुख्य आकर्षण है। शुरुआत से ही हमने अपनी आनेवाली पीढ़ियों के लिए संस्कृति एवं परंपरा को खूबसूरती से संरक्षित किया है। हम अपनी परंपरा एवं संस्कृति को कभी नहीं भूल सकते, क्योंकि वे हम में अंतर्निहित हैं और हमारे जीवन का एक अविभाज्य हिस्सा हैं, चाहे हम कितनी भी दूर तक पहुँचने की योजना बना रहे हों और इन सभी वर्षों में हमने कितनी भी प्रगति कर ली हो।

भारत में कई धार्मिक जातियों एवं पंथों के लोग एक ही देश में रहते हैं और इसलिए, यह विविध संस्कृतियों व परंपराओं की भूमि है। प्रत्येक धर्म व जाति की अपनी परंपराएँ और रीति-रिवाज हैं। प्रत्येक धार्मिक समूह संस्कृति का पालन करता है और इसकी गहरी अटूट आस्था एवं अंतर्निहित जड़ें हैं।

भारत में कई धार्मिक जातियों एवं पंथों के लोग एक ही देश में रहते हैं और इसलिए, यह विविध संस्कृतियों व परंपराओं की भूमि है। प्रत्येक धर्म व जाति की अपनी परंपराएँ और रीति-रिवाज हैं। प्रत्येक धार्मिक समूह संस्कृति का पालन करता है और इसकी गहरी अटूट आस्था एवं अंतर्निहित जड़ें हैं। हर धर्म का अपना संगीत, नृत्य रूप, त्योहार और कला के कई अन्य रूप हैं, जिनका अपना आकर्षक सार है। हमारी संस्कृति के प्रति हमारा सम्मान अन्य धर्मों की संस्कृति और परंपरा में भी समान रूप से विभाजित है, जो सदियों से जीवंत भारतीय विरासत के अस्तित्व का कारण है।

हमें अपनी विरासत पर गर्व है और हमारे पास स्मारकीय विरासत का विस्तार भी है। अधिकांश खूबसूरत इमारतें एक शाही अतीत को प्रदर्शित करती हैं, जिसे शासकों द्वारा बनवाया गया।

'अनेकता में एकता', यह भारत को बहुत अच्छे से दरशाता है। इस प्रकार, भारतीय विरासत का दायरा भी काफी विशाल है। चूँकि भारत में अनेकानेक धर्म-पंथ हैं, इसलिए विविधता और विरासत स्थल भी हैं। भारत

के हर कोने (मूल रूप से हर राज्य) में विभिन्न ऐतिहासिक विरासत स्थल मिलेंगे। ये विरासत स्थल दशकों पहले बने और आज भी सभी महत्त्व के साथ जीवित हैं। ये ऐतिहासिक स्मारक और स्थल इस बात का प्रमाण हैं कि कैसे भारत ने विभिन्न धर्मों, विभिन्न राजवंशों और परंपराओं के नक्शे-कदम पर चलते हुए देखा।

भारत के लगभग हर राज्य में एक या एक से अधिक विशेष भारतीय विरासत स्थल हैं, जो अब पर्यटकों के आकर्षण का केंद्र बन गए हैं। कुछ स्थल विश्व इतिहास में इतने महत्त्वपूर्ण और प्राचीन हैं कि संयुक्त राष्ट्र शैक्षिक, वैज्ञानिक एवं सांस्कृतिक संगठन (यूनेस्को) ने उन्हें विश्व धरोहर स्थलों के रूप में मान्यता दी है। इन स्थलों का आज की तारीख में अत्यधिक ऐतिहासिक और सांस्कृतिक महत्त्व है।

भारत के लगभग हर राज्य में एक या एक से अधिक विशेष भारतीय विरासत स्थल हैं, जो अब पर्यटकों के आकर्षण का केंद्र बन गए हैं। कुछ स्थल विश्व इतिहास में इतने महत्त्वपूर्ण और प्राचीन हैं कि संयुक्त राष्ट्र शैक्षिक, वैज्ञानिक एवं सांस्कृतिक संगठन (यूनेस्को) ने उन्हें विश्व धरोहर स्थलों के रूप में मान्यता दी है। इन स्थलों का आज की तारीख में अत्यधिक ऐतिहासिक और सांस्कृतिक महत्त्व है।

अजंता-एलोरा की गुफाओं से शुरू होकर खजुराहो से लेकर हंपी तक ये सभी स्थल वास्तव में अद्भुत हैं। इनका भारतीय पर्यटन उद्योग में अत्यधिक मूल्य है। कई लोगों का जीवन इन्हीं के इर्द-गिर्द घूमता है—ताजमहल, लाल किला, कुतुब मीनार, फतेहपुर सीकरी, भूलभुलैया, चारमीनार आदि।

विश्व विरासत स्थल

विरासत स्थलों का मतलब केवल ऐतिहासिक स्मारकों या स्थलों से नहीं है। इसमें विभिन्न वन, मंदिर, चर्च आदि भी शामिल हैं। भारत में कुल

38 यूनेस्को विश्व धरोहर स्थल हैं, यानी 30 स्थल सांस्कृतिक स्थल हैं, 7 प्राकृतिक स्थल और एक है मिश्रित। यूनेस्को द्वारा मान्य भारत के कुछ विश्व धरोहर स्थल ये हैं—

- अजंता की गुफाएँ (महाराष्ट्र)
- एलोरा की गुफाएँ (महाराष्ट्र)
- आगरा का किला (उत्तर प्रदेश)
- ताजमहल (उत्तर प्रदेश)
- सूर्य मंदिर (उड़ीसा)
- महाबलीपुरम में स्मारकों का समूह
- काजीरंगा राष्ट्रीय उद्यान
- मानस वन्य जीव अभयारण्य
- गोवा में चर्च और कॉन्वेंट
- खजुराहो
- हंपी
- बोधगया
- लाल किला
- साँची
- चोल मंदिर।

इसी प्रकार, हमारे विभिन्न कला रूप, साहित्य स्मारक, परंपराएँ और संस्कृति हमारी विरासत का एक हिस्सा हैं। इन कार्यों को दुनिया भर में सराहा गया है। हमें ऐसी जीवंत संस्कृति पर गर्व होना चाहिए, जो हमारे देश में प्रचलित है। भारत की प्राकृतिक विरासत इस देश के प्रत्येक नागरिक में गर्व की भावना का आह्वान करती है। विविधता इस देश में सुंदरता और समृद्धि जोड़ती है।

चर्च, मंदिर, मसजिद, स्मारक, भवन, स्थल चिह्न स्तंभ, शिलालेख, फव्वारे, कब्र के पत्थर, मोनोलिथ, टीले, महल, मूर्तियाँ, युद्ध स्मारक, मीनारें, मकबरे आदि स्मारक हमें हमारी विरासत की याद दिलाते हैं। वे एक राष्ट्र के

लिए एक खजाने की तरह हैं और अपनी सभ्यता के गौरव के प्रतीक हैं। वे हमें हमारे अतीत एवं विकास के स्तर, ज्ञान और विचारों की सराहना करने में मदद करते हैं। एक तरह से, ये हमारे अतीत को जीवन प्रदान करते हैं। वे इतिहास के महत्त्वपूर्ण स्रोत/साक्ष्य के रूप में कार्य करते हैं और पर्यटन को बढ़ाते हैं।

ऐसी इमारतों को तमाम तरह के खतरों का सामना करना पड़ता है। इनमें शामिल हैं—

- प्रदूषण।
- स्थानीय नागरिकों की खराब नागरिक भावना, आगंतुकों द्वारा खरोंचना, स्मारकों पर थूकना आदि।
- खेती, सिंचाई आदि से पानी रिसना।
- गृह युद्ध, आतंकवादी हमले और बर्बरता आदि।
- प्राकृतिक अपक्षय।

स्मारकों को कैसे संरक्षित करें—

- समुदाय को शिक्षित करने के लिए जागरूकता अभियान।
- स्मारकों को अपनाएँ।
- स्मारकों को बचाने के लिए सरकार की सख्त काररवाई और योजना, पुरातत्त्व विभागों की स्थापना।
- उनके जीर्णोद्धार के लिए धन का सृजन और दान करना।
- स्मारकों का जीर्णोद्धार और रासायनिक उपचार।
- नागरिकों एवं पर्यटकों से स्मारकों, स्मारक शुल्क और अन्य संबंधित निधियों को संरक्षित करने के लिए कर/दान।
- उनके संरक्षण के लिए स्वयंसेवा करना।
- स्मारकों को बचाने के लिए छात्रों और युवाओं को जागरूक करने के लिए स्कूलों, शैक्षणिक संस्थानों द्वारा बैठकें, सर्वेक्षण, रिपोर्ट, हेरिटेज क्लब स्थापित किए जाएँ।
- राष्ट्रीय और वैश्विक स्तर पर स्मारकों के संरक्षण के लिए उचित

कानूनी ढाँचा तैयार करना। स्मारकों को बचाने के लिए कानूनों का सख्ती से कार्यान्वयन।

- प्रदूषण से बचाव, कारखानों और अन्य प्रदूषकों को दूर रखें।
- तोड़-फोड़ की हरकतों, स्मारकों पर हमला करनेवाले आतंकवादियों, भीड़ आदि को नियंत्रित करना।
- कॉरपोरेट, बहुराष्ट्रीय निगमों को स्मारकों के संरक्षण की जिम्मेदारी लेनी चाहिए।

हमारे कुछ रीति-रिवाज और परंपराएँ पूरे भारत में समान हैं, हमारी परंपराएँ हमें अच्छी आदतें डालना और हमें एक अच्छा इनसान बनाना सिखाती हैं। इस प्रकार, हमारी विरासत हमारी पुरानी पीढ़ी का एक सुंदर उपहार है, जो हमें एक बेहतर इनसान बनने और एक सामंजस्यपूर्ण समाज का निर्माण करने में मदद करती है।

इस प्रकार, भारत विविध संस्कृतियों और परंपराओं वाला देश है। जैसाकि पहले बताया गया है कि हमारे देश में कई जातियों, धर्मों एवं पंथों के लोग निवास करते हैं। हमारे देश में प्रत्येक जातीय समूह की उत्पत्ति की अपनी कहानी है और इसकी अनूठी परंपराओं और संस्कृति का सेट है। इन सभी ने भारतीय इतिहास और संस्कृति के निर्माण में योगदान दिया है। प्रकृति ने भारत को एक विशिष्ट भौगोलिक इकाई बना दिया है। बड़ी संख्या में धार्मिक समूहों के निवास के कारण भारतीय विरासत और संस्कृति विशाल व विशद है। प्रत्येक समुदाय के अपने रीति-रिवाज एवं परंपराएँ हैं, जो वह अपनी युवा पीढ़ी को देता है।

हालाँकि, हमारे कुछ रीति-रिवाज और परंपराएँ पूरे भारत में समान हैं, हमारी परंपराएँ हमें अच्छी आदतें डालना और हमें एक अच्छा इनसान बनाना सिखाती हैं। इस प्रकार, हमारी विरासत हमारी पुरानी पीढ़ी का एक सुंदर उपहार है, जो हमें एक बेहतर इनसान बनने और एक सामंजस्यपूर्ण समाज का निर्माण करने में मदद करती है।

विरासत का सम्मान

युवा पीढ़ी में भारतीय विरासत के प्रति प्रेम जगाने की जिम्मेदारी बड़ों को लेनी चाहिए। यह शुरू से ही किया जाना चाहिए, तभी हम अपनी समृद्ध विरासत को संरक्षित कर सकते हैं। युवा पीढ़ी में भारतीय विरासत के प्रति प्रेम जगाना बड़ों का कर्तव्य है।

स्कूलों में छात्रों को भारतीय विरासत के बारे में पढ़ाना चाहिए कि यह सदियों से कैसे जीवित है। उन्हें इसे संरक्षित करने के महत्त्व को भी साझा करना चाहिए। इससे उनमें गर्व की भावना पैदा करने में मदद मिलेगी और वे परंपरा को जारी रखने तथा नई पीढ़ी को इसे आगे बढ़ाने के लिए प्रेरित होंगे। इसके लिए शिक्षकों के साथ-साथ अभिभावकों को भी सामूहिक प्रयास की जरूरत है।

स्कूलों में छात्रों को भारतीय विरासत के बारे में पढ़ाना चाहिए कि यह सदियों से कैसे जीवित है। उन्हें इसे संरक्षित करने के महत्त्व को भी साझा करना चाहिए। इससे उनमें गर्व की भावना पैदा करने में मदद मिलेगी और वे परंपरा को जारी रखने तथा नई पीढ़ी को इसे आगे बढ़ाने के लिए प्रेरित होंगे।

भारतीय साहित्य अपनी संस्कृति जितना ही समृद्ध है। हमारे पास प्राचीन काल से कई विषयों पर विभिन्न पुस्तकें लिखी गई हैं। हमारे पास वैदिक साहित्य, महाकाव्य संस्कृत साहित्य, शास्त्रीय संस्कृत साहित्य और अन्य प्रकार के भारतीय साहित्य के बीच पालि साहित्य है। पाठकों की अधिक संख्या तक पहुँच प्रदान करने के लिए हमारी कई पुस्तकों का अन्य भाषाओं में अनुवाद किया जा रहा है, ताकि अधिक-से-अधिक लोग ज्ञान से लाभान्वित हो सकें। इस तरह के एक अद्‌भुत व समृद्ध साहित्य को किसी भी कीमत पर संरक्षित किया जाना चाहिए।

भारत के विभिन्न भागों में अनेक सुंदर भूगर्भीय संरचनाएँ पाई जाती हैं। लोनार क्रेटर झील, सियाचिन ग्लेशियर, जम्मू व कश्मीर, स्तंभ चट्टानें, कोडाईकनाल, बंजर द्वीप, अंडमान, चुंबकीय पहाड़ी, लेह, स्तंभकार

बेसाल्टिक लावा, उडुपी और टॉड रॉक हमारे देश का एक हिस्सा बननेवाली सबसे शानदार भूगर्भीय संरचनाओं में शामिल हैं। ये सभी संरचनाएँ प्रकृति के सच्चे चमत्कार हैं। संगम नगरी प्रयागराज तीन पवित्र नदियों—गंगा, यमुना और सरस्वती का मिलन बिंदु होने के नाते भक्ति, ज्ञान एवं कर्म का संगम है। भगवान् की इन अद्भुत रचनाओं की एक झलक पाने के लिए हर साल दुनिया भर से बहुत सारे पर्यटक विशेष रूप से इन स्थानों पर जाते हैं।

> ***भारत महान् और अद्वितीय परंपराओं का घर है। सबसे पहले भारत की आध्यात्मिकता है। दुनिया में कहीं और आपको ऐसी गहन आध्यात्मिकता नहीं मिलेगी, जो लोगों के दिलों को जीत सके और उन्हें भीतर से खिलखिला सके। जीवन को पूरी तरह से बदलने में सक्षम होने का यह अनूठा गुण केवल भारतीय आध्यात्मिकता का है।***

इनके अलावा, भारत महान् और अद्वितीय परंपराओं का घर है। सबसे पहले भारत की आध्यात्मिकता है। दुनिया में कहीं और आपको ऐसी गहन आध्यात्मिकता नहीं मिलेगी, जो लोगों के दिलों को जीत सके और उन्हें भीतर से खिलखिला सके। जीवन को पूरी तरह से बदलने में सक्षम होने का यह अनूठा गुण केवल भारतीय आध्यात्मिकता का है। भारत को इस विरासत पर बहुत गर्व होना चाहिए। भारतीय आध्यात्मिकता में सबकुछ शामिल है; जैसे—योग, वेदांत दर्शन आदि। ये हमारी आध्यात्मिकता के तीन महत्त्वपूर्ण भाग हैं—ज्ञान (ज्ञान), गण (भक्ति गीत गाना) और ध्यान (ध्यान)। आधुनिक विज्ञान इन्हें मस्तिष्क गतिविधि (ज्ञान), सही मस्तिष्क गतिविधि (गायन) और सुसंगत गतिविधि (ध्यान) कहता है।

दूसरा है भारतीय आयुर्वेद। इक्कीसवीं सदी की चिकित्सा-प्रणालियाँ फीकी पड़ने लगी हैं। दूसरी ओर, भारतीय आयुर्वेद एक ऐसी अनूठी परंपरा है, जिसमें दवाओं का कोई दुष्प्रभाव नहीं होता है और यह केवल किसी के स्वास्थ्य एवं समग्र भलाई की रक्षा करने तथा बढ़ाने का काम करता है।

योग और अध्यात्म को आज पूरी दुनिया में जबरदस्त सम्मान दिया जाता है। धर्म व जाति की परवाह किए बिना पूरे देश में लोग तेजी से योग को अपने जीवन में अपना रहे हैं और एकीकृत कर रहे हैं। यदि आप नॉर्वे के ट्रोम्सो शहर में जाते हैं, जो आर्कटिक सर्कल के सबसे नजदीक देश का आखिरी बिंदु है, तो वहाँ साल में सिर्फ दो महीने सूरज चमकता है। लेकिन वहाँ भी लोग प्राणायाम का अभ्यास कर रहे हैं और ध्यान कर रहे हैं। इतनी दूर जगह पर भी 'ओ३म् नमः शिवाय' का मंत्र गूँज रहा है। इसी तरह, पृथ्वी के दक्षिणी गोलार्ध में अंतिम शहर—टिएरा डेल फुएगो, जिसके बाद 'अंटार्कटिक सर्कल' शुरू होता है; वहाँ भी आप हजारों लोगों को एक साथ 'ओ३म् नमः शिवाय' का जाप करने और सुदर्शन क्रिया का अभ्यास करने के लिए एकत्र होते हुए पाएँगे। यह दुनिया को भारत की देन है।

'ओ३म् नमः शिवाय' ने भारत में ही नहीं, दुनिया के हर घर में (भारतीय अध्यात्म के आधार पर) अपने लिए जगह बनाई है। हमारे ऋषियों (बुद्धिमान संतों) ने कहा है—'कृण्वन्तो विश्वमार्यम्'। इसका अर्थ है—'हम बढ़ेंगे और दुनिया में महिमा में फैलेंगे।'

'ओ३म् नमः शिवाय' ने भारत में ही नहीं, दुनिया के हर घर में (भारतीय अध्यात्म के आधार पर) अपने लिए जगह बनाई है। हमारे ऋषियों (बुद्धिमान संतों) ने कहा है—'कृण्वन्तो विश्वमार्यम्'। इसका अर्थ है—'हम बढ़ेंगे और दुनिया में महिमा में फैलेंगे।'

तीसरी शानदार परंपरा हमारा भारतीय संगीत है। भारत संगीत के कई अलग-अलग प्रकारों और शैलियों का घर है। संगीत एवं नृत्य में इतनी समृद्ध विविधता आपको दुनिया में और कहीं नहीं मिलेगी। यदि आप भारत में यात्रा करते हैं तो आप पाएँगे कि प्रत्येक 200-300 किलोमीटर के बाद भाषा या बोली बदल जाती है; संगीत और नृत्य बदलता है; स्थानीय संस्कृति एवं मान्यताएँ बदल जाती हैं। इतनी विविधता आपको दुनिया में और कहीं नहीं

मिलेगी। हम प्राचीन काल से ही संगीत एवं नृत्य को अपनी संस्कृति और विरासत का अविभाज्य अंग मानते रहे हैं। भगवान् शिव ने स्वयं तांडव (नृत्य के देवता के रूप में) का प्रदर्शन किया, जबकि देवी सरस्वती ने अपनी वीणा (एक शास्त्रीय वाद्य यंत्र) से दिव्य स्वर बजाए। भगवान् को हर्षित नृत्य में देखकर नंदी व भृंगी जैसे उनके भक्त भी नाचने लगे। इसलिए संगीत को हमेशा से ही हमारी संस्कृति में बहुत महत्त्वपूर्ण स्थान दिया गया है।

भारत की चौथी महान् परंपरा हमारी भारतीय पाककला की शैली है। हम देश भर में इस तरह के कई तरह के व्यंजन बनाते हैं। आजकल हम पिज्जा हट जाना पसंद करते हैं। हम भोजन में अपनी समृद्ध विरासत को भूल गए हैं। क्या आप जानते हैं पिज्जा की कहानी? क्या आप जानते हैं, पिज्जा का जन्म कैसे हुआ? इटली में उन्होंने बचे हुए आटे और सब्जियों का प्रयोग करके पिज्जा बनाया। इटली में लोग खाना खाकर मजदूरों को पिज्जा खाने के लिए देते थे। हम अपने ही देश के खाद्य पदार्थों की समृद्ध किस्मों को भूल गए हैं। हम पिज्जा जैसे खाद्य पदार्थों को अधिक महत्त्व देते हैं, जो मैदा से बने होते हैं, जो हमारे पेट और आँतों को नुकसान पहुँचाते हैं। हमारे यहाँ हर प्रांत में अलग-अलग तरह के व्यंजन हैं। भोजन में यह विविधता हमारी सांस्कृतिक पहचान का एक अनूठा हिस्सा है और हमें इसे बढ़ावा देना चाहिए।

भारत की चौथी महान् परंपरा हमारी भारतीय पाककला की शैली है। हम देश भर में इस तरह के कई तरह के व्यंजन बनाते हैं। आजकल हम पिज्जा हट जाना पसंद करते हैं। हम भोजन में अपनी समृद्ध विरासत को भूल गए हैं। क्या आप जानते हैं पिज्जा की कहानी? क्या आप जानते हैं, पिज्जा का जन्म कैसे हुआ?

भारत की पाँचवीं महान् परंपरा भारतीय कपड़े और पोशाक की विविधता है।

यदि आप विदेश जाते हैं तो आप देखेंगे कि लोग जो कपड़े पहनते हैं,

वे आमतौर पर समान या लगभग समान रंगों के होते हैं, जिनमें बहुत कम विविधता होती है। लेकिन भारत में आप कई तरह के कपड़े एवं ड्रेसिंग स्टाइल और यहाँ तक कि उनके साथ पहने जानेवाले गहने व सामान भी देखेंगे। यह प्रथा युगों से चली आ रही है। यहाँ तक कि भारतीय मंदिरों में मूर्तियों को भी सजाया जाता है। वे हर दिन कितनी खूबसूरती से तैयार की जाती और सजाई जाती हैं। यह गुण व परंपरा कई युगों से हमारी विरासत का एक और महत्त्वपूर्ण हिस्सा रही है।

भारतीय आई.टी. (सूचना व प्रौद्योगिकी) भी यहाँ की विरासत से अभिभूत है। शोधकर्ताओं द्वारा यह समझने के लिए एक अध्ययन किया गया कि भारत में आई.टी. व्यवसाय इतनी अच्छी तरह से क्यों विकसित हुआ, खासकर दुनिया के अन्य देशों की तुलना में। उन्होंने पाया कि भारतीय भाषाओं की जड़ें संस्कृत में हैं। फिर उन्होंने संस्कृत भाषा की गहराई से जाँच की और उसका अध्ययन किया। उन्होंने पाया कि एक भाषा के रूप में संस्कृत हमारे मस्तिष्क के न्यूरो-भाषायी कार्य के लिए अत्यंत अनुकूल है। संस्कृत मस्तिष्क के न्यूरो-भाषायी संकायों को अच्छी तरह से विकसित करने और सूचनाओं को जल्दी व सटीक रूप से आत्मसात् करने की अनुमति देती है।

भारतीय आई.टी. (सूचना व प्रौद्योगिकी) भी यहाँ की विरासत से अभिभूत है। शोधकर्ताओं द्वारा यह समझने के लिए एक अध्ययन किया गया कि भारत में आई.टी. व्यवसाय इतनी अच्छी तरह से क्यों विकसित हुआ, खासकर दुनिया के अन्य देशों की तुलना में। उन्होंने पाया कि भारतीय भाषाओं की जड़ें संस्कृत में हैं।

इसलिए, 20 साल के इस शोध के बाद उन्होंने इंग्लैंड के तीन स्कूलों में संस्कृत को अनिवार्य विषय बना दिया है। फिर कंप्यूटर प्रोग्रामिंग के लिए संस्कृत सबसे उपयुक्त भाषा मानी जाती है और हमारी सभी भारतीय भाषाएँ संस्कृत पर आधारित हैं। जब हम संस्कृत या अपनी कोई भी भारतीय

भाषा बोलते हैं तो मस्तिष्क के न्यूरो-भाषायी कार्य भी सामंजस्यपूर्ण ढंग से प्रतिक्रिया करते हैं और विकसित होते हैं। ऐसा वैज्ञानिकों का कहना है।

भारतीय पर्यटन भारत की अनमोल एवं शाश्वत विरासत का एक और महान् पहलू है। भारत में जितने भी पर्यटन स्थल देखने को मिलते हैं, उनकी तुलना दुनिया के किसी अन्य देश से नहीं की जा सकती।

> ***भारतीय पर्यटन भारत की अनमोल एवं शाश्वत विरासत का एक और महान् पहलू है। भारत में जितने भी पर्यटन स्थल देखने को मिलते हैं, उनकी तुलना दुनिया के किसी अन्य देश से नहीं की जा सकती।***

लेकिन दुर्भाग्य से, हमने अपने देश के पर्यटन-स्थलों एवं विरासत को दुनिया के सामने उचित तरीके से प्रस्तुत और प्रचारित नहीं किया है। भारत में वार्षिक केवल 40 लाख लोग पर्यटक के रूप में आते हैं, जबकि मिसाल के तौर पर ग्रीस एक छोटा सा देश है और फिर भी इससे तीन गुना लोग ग्रीस के विरासत-स्थलों व पर्यटन-स्थलों को देखने के लिए यात्रा करते हैं। हमने अपनी समृद्ध और विविध सांस्कृतिक विरासत को दुनिया के सामने पेश करने का ईमानदार प्रयास नहीं किया। हम अभी भी अपने देश में उचित बुनियादी ढाँचे और कई अन्य सुविधाओं में पीछे हैं।

भारतीय विरासत की कसौटी

भारतीय संस्कृति सामाजिक मानदंडों, नैतिक मूल्यों, पारंपरिक रीति-रिवाजों, विश्वास-प्रणालियों, राजनीतिक प्रणालियों, कलाकृतियों और प्रौद्योगिकियों की विरासत है, जो जातीय-भाषायी रूप से विविध भारत में उत्पन्न हुई या उससे जुड़ी है। भारत की भाषाएँ, धर्म, नृत्य, संगीत, वास्तुकला, भोजन और रीति-रिवाज देश के भीतर जगह-जगह अलग-अलग हैं।

भारतीय संस्कृति, जिसे अकसर कई संस्कृतियों के संयोजन के रूप में लेबल किया जाता है, सिंधु घाटी सभ्यता और अन्य प्रारंभिक सांस्कृतिक

क्षेत्रों से शुरू होनेवाले कई सहस्राब्दी पुराने इतिहास से प्रभावित है। भारतीय संस्कृति के कई तत्त्वों, जैसे कि भारतीय धर्म, गणित, दर्शन, व्यंजन, भाषा, नृत्य, संगीत और फिल्मों का पूरे भारत, ग्रेटर इंडिया और दुनिया भर में गहरा प्रभाव पड़ा है। हिंदू धर्म स्वयं विभिन्न विशिष्ट लोक-धर्मों से बना है, जो वैदिक काल और बाद की अवधियों के दौरान विलीन हो गए। बाद में, ब्रिटिश राज ने भारतीय संस्कृति को और प्रभावित किया, जैसे कि अंग्रेजी भाषा के व्यापक परिचय के माध्यम से और एक स्थानीय बोली विकसित हुई।

भारतीय मूल के धर्म—हिंदू धर्म, जैन धर्म, बौद्ध धर्म और सिख धर्म : सभी धर्म और कर्म की अवधारणाओं पर आधारित हैं। अहिंसा का दर्शन, मूल भारतीय धर्मों का एक महत्त्वपूर्ण पहलू है, जिसके सबसे प्रसिद्ध प्रस्तावक महात्मा गांधी थे, जिन्होंने भारतीय स्वतंत्रता आंदोलन के दौरान भारत को एकजुट करने के लिए 'सविनय अवज्ञा' का इस्तेमाल किया। इस दर्शन ने अमेरिकी नागरिक मार्टिन लूथर किंग जूनियर को प्रेरित किया।

भारतीय मूल के धर्म—हिंदू धर्म, जैन धर्म, बौद्ध धर्म और सिख धर्म : सभी धर्म और कर्म की अवधारणाओं पर आधारित हैं। अहिंसा का दर्शन, मूल भारतीय धर्मों का एक महत्त्वपूर्ण पहलू है, जिसके सबसे प्रसिद्ध प्रस्तावक महात्मा गांधी थे, जिन्होंने भारतीय स्वतंत्रता आंदोलन के दौरान भारत को एकजुट करने के लिए 'सविनय अवज्ञा' का इस्तेमाल किया।

भारत में विभिन्न संस्कृतियों वाले 28 राज्य एवं 8 केंद्र-शासित प्रदेश हैं और यह दुनिया का दूसरा सबसे अधिक आबादीवाला देश है। भारतीय सांस्कृतिक विरासत कई हजार साल पुराने इतिहास से प्रभावित और आकार लेती है। भारत के पूरे इतिहास में भारतीय संस्कृति धर्मों से काफी प्रभावित रही है। भारत हिंदू धर्म, बौद्ध धर्म, जैन धर्म, सिख धर्म और अन्य धर्मों का जन्म-स्थान है। उन्हें सामूहिक रूप से भारतीय धर्म के रूप में जाना जाता है।

आज हिंदू धर्म एवं बौद्ध धर्म क्रमशः दुनिया के तीसरे व चौथे सबसे बड़े धर्म हैं, जिनके कुल मिलाकर 2 अरब से अधिक अनुयायी हैं। भारतीय धर्मों के अनुयायी—हिंदू, सिख, जैन और बौद्ध—भारत की लगभग 80-82 प्रतिशत आबादी बनाते हैं।

भारत दुनिया में सबसे अधिक धार्मिक व जातीय रूप से विविध देशों में से एक है, जिसमें कुछ सबसे गहरे धार्मिक समाज और संस्कृतियाँ हैं। हालाँकि, भारत एक धर्मनिरपेक्ष हिंदू-बहुल देश है; लेकिन इसकी एक बड़ी मुसलिम आबादी है। ईसाई भारत के अन्य महत्त्वपूर्ण अल्पसंख्यक हैं।

भारत दुनिया में सबसे अधिक धार्मिक व जातीय रूप से विविध देशों में से एक है, जिसमें कुछ सबसे गहरे धार्मिक समाज और संस्कृतियाँ हैं। हालाँकि, भारत एक धर्मनिरपेक्ष हिंदू-बहुल देश है; लेकिन इसकी एक बड़ी मुसलिम आबादी है। ईसाई भारत के अन्य महत्त्वपूर्ण अल्पसंख्यक हैं।

नास्तिकता और अज्ञेयवाद का भी भारत में एक लंबा इतिहास रहा है। चार्वाक शैली की उत्पत्ति छठी शताब्दी ईसा पूर्व के आसपास भारत में हुई। यह प्राचीन भारत में भौतिकवादी और नास्तिक आंदोलन के शुरुआती रूपों में से एक है।

प्रारंभिक हिंदू दर्शन को हिंदू वैदिक संतों, जैसे याज्ञवल्क्य, द्वारा व्यवस्थित और संहिताबद्ध किया गया। जैन दर्शन 24 तीर्थंकरों द्वारा प्रचारित किया गया, विशेष रूप से पार्श्वनाथ और महावीर द्वारा। बौद्ध दर्शन की स्थापना गौतम बुद्ध ने की। गुरु गोविंद सिंह द्वारा स्थापित 'गुरु ग्रंथ साहिब' में सिख दर्शन को लिपिबद्ध किया गया।

त्योहारों की भारतीय विरासत

रंग-बिरंगी झाँकियों से भरे त्योहार भी भारतीय विरासत के महत्त्वपूर्ण स्तंभ हैं। भारत में तीन राष्ट्रीय अवकाश—स्वतंत्रता दिवस, गणतंत्र दिवस

और गांधी जयंती—पूरे भारत में उत्साह एवं उमंग के साथ मनाए जाते हैं। इसके अलावा, कई भारतीय राज्यों और क्षेत्रों में प्रचलित धार्मिक व भाषायी जनसांख्यिकी के आधार पर स्थानीय त्योहार हैं।

लोकप्रिय धार्मिक त्योहारों में नवरात्र, जन्माष्टमी, दीपावली, महाशिवरात्रि, गणेश चतुर्थी, दुर्गा पूजा, होली, रथयात्रा, उगादी, वसंत पंचमी, रक्षाबंधन और दशहरा आदि हिंदू त्योहार शामिल हैं। कई फसली त्योहार, जैसे—मकर संक्रांति, सोहराई, पुसना, हॉर्नबिल, चापचर कुट, पोंगल, ओणम और राजा संक्रांति झूला उत्सव भी काफी लोकप्रिय हैं। भारत की विशाल विविधता के कारण भारत कई तरह के त्योहार मनाता है। दीपावली (हिंदू), ईद (मुसलिम), क्रिसमस (ईसाई) आदि जैसे कई धार्मिक त्योहार सभी के द्वारा मनाए जाते हैं। सरकार सभी धार्मिक त्योहारों को समानता के साथ मनाने की सुविधा भी प्रदान करती है और विभिन्न धर्मों एवं उनके त्योहारों को समानता प्रदान करने के लिए उन्हें स्थान, सुरक्षा आदि उपलब्ध कराती है।

> ***लोकप्रिय धार्मिक त्योहारों में नवरात्र, जन्माष्टमी, दीपावली, महाशिवरात्रि, गणेश चतुर्थी, दुर्गा पूजा, होली, रथयात्रा, उगादी, वसंत पंचमी, रक्षाबंधन और दशहरा आदि हिंदू त्योहार शामिल हैं। कई फसली त्योहार, जैसे—मकर संक्रांति, सोहराई, पुसना, हॉर्नबिल, चापचर कुट, पोंगल, ओणम और राजा संक्रांति झूला उत्सव भी काफी लोकप्रिय हैं।***

- रोशनी के त्योहार दीपावली के लिए घरों, इमारतों और मंदिरों को उत्सव की रोशनी, दीयों से सजाया जाता है।
- नवरात्र त्योहार हिंदू मंदिरों में शास्त्रीय और लोक-नृत्य प्रदर्शन का एक अवसर है।
- बिहू त्योहार एक असमिया परंपरा है। यह उत्तर भारत में बैसाखी के साथ मेल खाता है, जिसे सिखों व हिंदुओं द्वारा मनाया जाता है।
- मुंबई, महाराष्ट्र में गणेश चतुर्थी उत्सव के दौरान प्रसिद्ध 'लालबाग का

राजा' गणेश प्रतिमा का जुलूस देखते ही बनता है।

- वल्लमकली सर्पदंश दौड़ ओणम त्योहार परंपरा का एक हिस्सा है।
- दही-हाँड़ी कृष्ण जन्माष्टमी उत्सव परंपरा अपने आप में अनूठी है।
- दुर्गा-पूजा पूर्वी भारत में एक बहु-दिवसीय त्योहार है, जिसमें विस्तृत मंदिर एवं मंच की सजावट (पंडाल), शास्त्र-पाठ, प्रदर्शन कला और जुलूस शामिल हैं।
- हॉर्नबिल फेस्टिवल (कोहिमा, नागालैंड) में रंगीन प्रदर्शन, शिल्प, खेल, भोजन मेले, खेल और समारोह शामिल होते हैं।
- ईद के मौके पर लाखों मुसलिम सामूहिक नमाज अदा करते हैं।
- गोवा में कार्निवल या चिरायु कार्निवल व्रत के उपवास के मौसम से पहले का उत्सव है। यह गोवा में कार्निवल या मार्डी ग्रास के त्योहार को संदर्भित करता है।
- श्रवणबेलगोला, कर्नाटक में महामस्तकाभिषेक हर 12 साल में आयोजित किया जाता है और इसे जैन धर्म का सबसे शुभ त्योहार या उत्सव माना जाता है।
- रंगोली कलाकृतियाँ आमतौर पर भारतीय उपमहाद्वीप में दीपावली या तिहार, ओणम, पोंगल और अन्य हिंदू त्योहारों के दौरान बनाई जाती है।
- क्षेत्रीय और सामुदायिक मेले भी भारत में एक आम त्योहार हैं। उदाहरण के लिए, राजस्थान का पुष्कर मेला दुनिया के सबसे बड़े मवेशियों और पशुओं के बाजारों में से एक है।

अभिवादन की विरासत

भारतीय अभिवादन प्रणाम और पूजा सहित अंजलि मुद्रा पर आधारित है। अभिवादन में नमस्ते (हिंदी, संस्कृत व कन्नड़), निमस्कार (उड़िया), खुलुमखा (त्रिपुरी), नमस्कार (मराठी), नमस्कारम् (तेलुगु, मलयालम), वणक्कम (तमिल), निमिश्कर (बंगाली), नोमोस्कर (असमिया), आदाब (उर्दू) और सत श्री अकाल (पंजाबी) शामिल हैं।

नमस्कार सम्मानजनक अभिवादन है। इसका अर्थ है—'मैं आपको नमन करता हूँ।' हिंदू धर्म में इसका अर्थ है—'मैं आप में परमात्मा को नमन करता हूँ।' अधिकांश भारतीय परिवारों में छोटे पुरुषों व महिलाओं को अपने बड़ों को श्रद्धापूर्वक प्रणाम करके अपने बड़ों का आशीर्वाद लेना सिखाया जाता है। इस प्रथा को 'प्रणाम' के नाम से जाना जाता है। नमस्ते या अभिवादन करने के लिए मुसकान के साथ हाथ मिलाना भारत में एक सामान्य सांस्कृतिक प्रथा है।

नमस्कार सम्मानजनक अभिवादन है। इसका अर्थ है—'मैं आपको नमन करता हूँ।' हिंदू धर्म में इसका अर्थ है—'मैं आप में परमात्मा को नमन करता हूँ।' अधिकांश भारतीय परिवारों में छोटे पुरुषों व महिलाओं को अपने बड़ों को श्रद्धापूर्वक प्रणाम करके अपने बड़ों का आशीर्वाद लेना सिखाया जाता है।

अन्य अभिवादन में जय जगन्नाथ (उड़िया), अमी अस्ची (बंगाली), जय श्रीकृष्ण (गुजराती, व्रज, हिंदी), राम-राम/(जय) सीता-राम (अवधी व भोजपुरी), जय जिनेंद्र (जैन धर्म), जय भीम (आंबेडकरवादी), नमो बुद्धाय (बौद्ध धर्म), अल्लाह अबो (बहाई धर्म), शालोम एलेकेम (यहूदी धर्म), हमाजोर हमा अशोबेद (पारसी धर्म), ओ३म् नमः शिवाय/जय भोलेनाथ, जयदेव (डोगरी, कश्मीरी, वाराणसी), जय अंबे माँ/जय माता दी (पूर्वी भारत में), जय गणपति बप्पा (मराठी व कोंकण में) आदि शामिल हैं।

हमारी विरासत में जंगल, पशु और भोजन

भारत के विविध और समृद्ध वन्य जीवन का इस क्षेत्र की लोकप्रिय संस्कृति पर गहरा प्रभाव है। हिंदू धर्म में गाय को अहिंसा (अहिंसा) का प्रतीक माना जाता है—देवी माँ और सौभाग्य व धन की प्रदाता। इसी कारण हिंदू संस्कृति में गायों का सम्मान किया जाता है और गाय को खाना खिलाना

पूजा का कार्य माना जाता है। यही कारण है कि मुख्यधारा के हिंदू और जैन समाज में गोमांस एक वर्जित भोजन बना हुआ है।

भारतीय भोजन विविधतापूर्ण हैं, बहुत मसालेदार से लेकर बहुत हलके तक, प्रत्येक क्षेत्र में मौसम के साथ अलग-अलग व्यंजन होते हैं। ये स्थानीय कृषि, क्षेत्रीय जलवायु, पाक नवाचारों और सांस्कृतिक विविधता को दरशाते हैं। भारत में भोजन कभी-कभी थाली में परोसा जाता है—एक थाली, जिसमें चावल, रोटी और अलग-अलग पदार्थ होते हैं।

भारतीय भोजन भारत जितना ही विविध है, जिसमें सलाद व पापड़ से लेकर चटनी तक, शाकाहारी से लेकर मांस तक, मसालों से लेकर सादा तक, रोटी से लेकर मिठाइयों तक भारतीय व्यंजन हमेशा जटिल होते हैं—चिकन टिक्का मसाला, बिरयानी, हलीम, बघारा बैंगन, कीमा, खीर, फिरनी तक।

भारतीय भोजन भारत जितना ही विविध है, जिसमें सलाद व पापड़ से लेकर चटनी तक, शाकाहारी से लेकर मांस तक, मसालों से लेकर सादा तक, रोटी से लेकर मिठाइयों तक भारतीय व्यंजन हमेशा जटिल होते हैं—चिकन टिक्का मसाला, बिरयानी, हलीम, बघारा बैंगन, कीमा, खीर, फिरनी तक।

भारतीय वस्त्र विरासत

भारत में पारंपरिक वस्त्र देश के विभिन्न हिस्सों में बहुत भिन्न होते हैं और स्थानीय संस्कृति, भूगोल, जलवायु एवं ग्रामीण/शहरी व्यवस्था से प्रभावित होते हैं।

पोशाक की लोकप्रिय शैलियों में महिलाओं में साड़ी और पुरुषों में धोती या लुंगी जैसे कपड़े शामिल हैं। सिले हुए कपड़ों में चूड़ीदार या सलवार-कमीज लोकप्रिय हैं।

भारतीय महिलाएँ मेकअप एवं गहनों के साथ अपने आकर्षण और फैशन

की भावना को परिपूर्ण करती हैं। बिंदी, मेहँदी, झुमके, चूड़ियाँ और अन्य गहने आम हैं। विवाह समारोहों और त्योहारों जैसे विशेष अवसरों पर महिलाएँ सोने, चाँदी या अन्य क्षेत्रीय नगों एवं रत्नों से बने विभिन्न आभूषण पहनती हैं। बिंदी अकसर हिंदू महिला के श्रृंगार का एक अनिवार्य हिस्सा है। माथे पर पहनी जानेवाली बिंदी को कुछ लोग शुभ चिह्न मानते हैं। परंपरागत रूप से लाल बिंदी केवल विवाहित हिंदू महिलाओं द्वारा लगाई जाती है। अविवाहित हिंदू महिलाएँ सिंदूर नहीं लगातीं।

पुरुष परिधानों में कुरता-पाजामा तथा यूरोपीय शैली की पतलून व शर्ट शामिल हैं। शहरों में सभी धार्मिक पृष्ठभूमि के पुरुषों व महिलाओं को अकसर जपस, पतलून, शर्ट, सूट, कुरता और अन्य फैशन में देखा जा सकता है।

भारत की विविधतापूर्ण विरासत

संस्कृत का भारत की भाषाओं और साहित्य पर गहरा प्रभाव पड़ा है। भारत में सबसे अधिक बोली जानेवाली भाषा हिंदी और इसकी विभिन्न बोलियाँ हैं। 'ऋग्वेद' प्राचीनतम ग्रंथ और 'महाभारत' व 'रामायण' भारत के सबसे पुराने संरक्षित और प्रसिद्ध महाकाव्य हैं।

संस्कृत का भारत की भाषाओं और साहित्य पर गहरा प्रभाव पड़ा है। भारत में सबसे अधिक बोली जानेवाली भाषा हिंदी और इसकी विभिन्न बोलियाँ हैं। 'ऋग्वेद' प्राचीनतम ग्रंथ और 'महाभारत' व 'रामायण' भारत के सबसे पुराने संरक्षित और प्रसिद्ध महाकाव्य हैं।

भारतीय नृत्य में आठ शास्त्रीय नृत्य रूप शामिल हैं, जिनमें से कई पौराणिक तत्त्वों के साथ कथा के रूप में हैं। भारत की राष्ट्रीय संगीत, नृत्य और नाटक अकादमी द्वारा शास्त्रीय नृत्य का दर्जा देनेवाले आठ शास्त्रीय रूप हैं—तमिलनाडु राज्य का भरतनाट्यम, उत्तर प्रदेश का कथक, केरल का कथकली एवं मोहिनीअट्टम, आंध्र प्रदेश का कुचिपुडी, कर्नाटक का यक्षगान, मणिपुर का मणिपुरी, ओडिशा का ओडिसी और असम का सत्रिया।

नृत्य की औपचारिक कलाओं के अलावा भारतीय क्षेत्रों में एक मजबूत मुक्त रूप लोक-नृत्य परंपरा है। कुछ लोक-नृत्यों में पंजाब का भाँगड़ा, असम का बिहू, नागालैंड का जेलियांग; झारखंड का झुमैर, डोमकच, छऊ, घुमुरा नृत्य, गोटीपुआ, महरी नृत्य; ओडिशा का दलखाई; उत्तर प्रदेश की कव्वाली, बिरहा और चारकुला; बिहार के जाट-जाटिन, नट-नटिन एवं सतूरी; राजस्थान व हरियाणा का घूमर; गुजरात का डांडिया एवं गरबा; आंध्र प्रदेश व तेलंगाना का कोलट्टम; कर्नाटक का यक्षगान; महाराष्ट्र की लावणी तथा गोवा की देखनी शामिल हैं।

नाटकों में कथकली केरल के शास्त्रीय रंगमंच रूपों में से एक है। मणिपुरी नृत्य-शैली में रासलीला नाट्य प्रदर्शन है। यक्षगान तमिलनाडु का एक प्राचीन नृत्य नाटक है। जात्रा बंगाली और उड़िया थिएटर का एक लोकप्रिय लोक-नाट्य रूप है। भारत में कठपुतली की एक लंबी परंपरा रही है। प्राचीन भारतीय महाकाव्य 'महाभारत' में कठपुतली का उल्लेख मिलता है। कठपुतली, राजस्थान के मूल कठपुतली प्रदर्शन का एक रूप उल्लेखनीय है।

नाटकों में कथकली केरल के शास्त्रीय रंगमंच रूपों में से एक है। मणिपुरी नृत्य-शैली में रासलीला नाट्य प्रदर्शन है। यक्षगान तमिलनाडु का एक प्राचीन नृत्य नाटक है। जात्रा बंगाली और उड़िया थिएटर का एक लोकप्रिय लोक-नाट्य रूप है।

भारत में कठपुतली की एक लंबी परंपरा रही है। प्राचीन भारतीय महाकाव्य 'महाभारत' में कठपुतली का उल्लेख मिलता है। कठपुतली, राजस्थान के मूल कठपुतली प्रदर्शन का एक रूप उल्लेखनीय है।

इसी प्रकार, संगीत भारत की संस्कृति का अभिन्न अंग है। सामवेद और अन्य हिंदू ग्रंथों ने भारत की शास्त्रीय संगीत परंपरा को बहुत प्रभावित किया, जिसे आज दो अलग-अलग शैलियों में जाना जाता है—कर्नाटक और

हिंदुस्तानी संगीत। कर्नाटक संगीत और हिंदुस्तानी संगीत प्रणालियाँ दोनों ही मधुर आधार (राग के रूप में जाना जाता है) पर आधारित हैं, जिसे एक लयबद्ध चक्र (ताला के रूप में जाना जाता है) के लिए गाया जाता है। भारत के वर्तमान संगीत में धार्मिक, शास्त्रीय, लोक, फिल्मी, रॉक एवं पॉप संगीत और नृत्य की कई किस्में शामिल हैं। पारंपरिक शास्त्रीय संगीत और नृत्य की अपील तेजी से घट रही है, खासकर युवा पीढ़ी के बीच।

भारत में मूर्तिकला का अत्याधुनिक रूप—स्टेच्यू ऑफ यूनिटी—दुनिया की सबसे ऊँची प्रतिमा है, जिसकी ऊँचाई 182 मीटर (597 फीट) है, जो गुजरात राज्य में स्थित है। इसमें स्वतंत्र भारत के प्रथम गृह मंत्री सरदार वल्लभभाई पटेल (1875–1950) को दरशाया गया है। इसका उद्घाटन 31 अक्तूबर, 2018 को प्रधानमंत्री नरेंद्र मोदी द्वारा किया गया।

भारत में मूर्तिकला का अत्याधुनिक रूप—स्टेच्यू ऑफ यूनिटी—दुनिया की सबसे ऊँची प्रतिमा है, जिसकी ऊँचाई 182 मीटर (597 फीट) है, जो गुजरात राज्य में स्थित है। इसमें स्वतंत्र भारत के प्रथम गृह मंत्री सरदार वल्लभभाई पटेल (1875–1950) को दरशाया गया है। इसका उद्घाटन 31 अक्तूबर, 2018 को प्रधानमंत्री नरेंद्र मोदी द्वारा किया गया।

भारत में पहली मूर्तियाँ सिंधु घाटी सभ्यता की हैं, जहाँ पत्थर और कांस्य के आँकड़े खोजे गए हैं। बाद में जैसे-जैसे हिंदू धर्म, बौद्ध धर्म और जैन धर्म का विकास हुआ, भारत में कुछ अत्यंत जटिल कांस्य और साथ ही मंदिर की नक्काशी आरंभ हुई। एलोरा जैसे कुछ विशाल मंदिरों का निर्माण ब्लॉकों का उपयोग करके नहीं, बल्कि ठोस चट्टानों से किया गया था।

मौर्य एवं गुप्त साम्राज्यों और उनके उत्तराधिकारियों की अवधि के दौरान अजंता व एलोरा की गुफाओं और स्मारकीय साँची स्तूप जैसे कई बौद्ध स्थापत्य परिसरों का निर्माण किया गया। बाद में, दक्षिण भारत में कई

हिंदू मंदिरों का निर्माण हुआ; जैसे—बेलूर में चेन्नाकेशव मंदिर, हेलबिडु में होयसलेश्वर मंदिर, सोमनाथपुरा में केशव मंदिर, बृहदेश्वर मंदिर, तंजावुर में राजा चोल द्वारा निर्मित सूर्य मंदिर; कोणार्क, श्रीरंगम में श्री रंगनाथस्वामी मंदिर।

राजपूत राजाओं ने अपने शासनकाल के दौरान खजुराहो मंदिर परिसर, चित्तौड़ किला और चतुर्भुज मंदिर आदि का निर्माण कराया। पश्चिम से इसलामी प्रभाव के आगमन के साथ भारतीय वास्तु की इंडो-इसलामिक शैली का निर्माण हुआ। कुतुब परिसर, दिल्ली सल्तनत के क्रमिक सुल्तानों द्वारा निर्मित स्मारकों का एक समूह, सबसे प्रारंभिक उदाहरणों में से एक है। फतेहपुर सीकरी, ताजमहल, गोल गुंबद, दिल्ली का लाल किला और चारमीनार इस युग की रचनाएँ हैं। भारत में ब्रिटिश औपनिवेशिक शासन के दौरान यूरोपीय गोथिक-शैली के तहत बने विक्टोरिया मेमोरियल एवं छत्रपति शिवाजी टर्मिनस उल्लेखनीय उदाहरण हैं।

राजपूत राजाओं ने अपने शासनकाल के दौरान खजुराहो मंदिर परिसर, चित्तौड़ किला और चतुर्भुज मंदिर आदि का निर्माण कराया। पश्चिम से इसलामी प्रभाव के आगमन के साथ भारतीय वास्तु की इंडो-इसलामिक शैली का निर्माण हुआ। कुतुब परिसर, दिल्ली सल्तनत के क्रमिक सुल्तानों द्वारा निर्मित स्मारकों का एक समूह, सबसे प्रारंभिक उदाहरणों में से एक है।

कबड्डी एक संपर्क खेल है, जिसकी उत्पत्ति प्राचीन भारत में हुई थी। यह भारत के सबसे लोकप्रिय खेलों में से एक है। क्रिकेट को भारत में सबसे लोकप्रिय खेल माना जाता है। फुटबॉल भारतीय राज्य केरल में लोकप्रिय है, जिसे भारत में फुटबॉल का घर भी माना जाता है। आमतौर पर, माना जाता है कि शतरंज की उत्पत्ति गुप्त साम्राज्य के दौरान उत्तर-पश्चिमी भारत में हुई, जहाँ छठी शताब्दी में इसका प्रारंभ चतुरंगा के रूप में हुआ। अन्य खेल, जो भारत में उत्पन्न हुए, उनमें गिल्ली-डंडा और खो-खो शामिल हैं।

निष्कर्ष के तौर पर, हम कह सकते हैं कि गर्व करने के लिए भारतीय विरासत अनंत कीर्तिमानों से समृद्ध है। "एक ऐसा देश, जो सहस्राब्दियों से अस्तित्व में है।" आज भले ही अनेक लोग पश्चिम की संस्कृति को आत्मसात् करने की राह पर हैं, लेकिन हमारी हिंदू सभ्यता अपनी महिमा को बरकरार रखेगी; क्योंकि यह धर्मनिरपेक्षता पर आधारित है। 'श्रीमद्भगवद्गीता' हमेशा हमें कर्म के लिए प्रेरित करेगी और उपनिषद् विचारशीलता के लिए। भारतीय जीवन-शैली का आकर्षण और शालीनता जारी रहेगी, चाहे वह किसी भी तरह से पश्चिम के श्रम बचानेवाले उपकरणों से प्रभावित हो। 'महाभारत' और 'रामायण' के नायकों की कहानियाँ शाश्वत रहेंगी।

शक्तिशाली विचार

- भारत में 20 लाख देवता हैं और उन सभी की पूजा करते हैं। धर्म में अन्य सभी देश कंगाल हैं; भारत अकेला करोड़पति है।

—मार्क ट्वेन

- भारत एक ऐसा देश है, जिसमें हर महान् धर्म को अपना घर मिलता है।

—एनी बेसेंट

- अगर भारत पंथनिरपेक्ष नहीं है तो भारत बिल्कुल भी भारत नहीं है।

—अटल बिहारी वाजपेयी

- भारत एक जिज्ञासु स्थान है, जो अभी भी अतीत, धर्मों और उसके इतिहास को संरक्षित करता है। भारत कितना भी आधुनिक क्यों न हो जाए, यह अभी भी बहुत पुराना देश है।

—अनीता देसाई

- भारत कई सदियों से पृथ्वी पर सबसे जीवंत और रंगीन संस्कृति रहा है। आइए, हम इसे एक बार फिर समृद्ध बनाएँ, क्योंकि यह सिर्फ एक राष्ट्र नहीं, बल्कि दुनिया के लिए एक खजाना है।

—सद्गुरु

- हम सभी में भूख है—अपनी विरासत को जानने की, यह जानने की कि हम कौन हैं और कहाँ से आए हैं।

—एलेक्स हेली

- आपको अपनी विरासत के प्रति सच्चा रहना है, आपकी पहचान इसी से है।

—ऐलिस टेंपरली

- भारतीय संस्कृति निश्चित रूप से लीक से हटकर सोचने की क्षमता देती है।

—रोलैंड जोफ

- जब मैं 'श्रीमद्‌भगवद्‌गीता' पढ़ता हूँ और इस बारे में सोचता हूँ कि भगवान् ने इस ब्रह्मांड को कैसे बनाया, तो बाकी सबकुछ बहुत ही फालतू लगता है।

—अल्बर्ट आइंस्टीन

- भारत की मौलिक ताकत यह है कि हम साधकों की भूमि हैं—सत्य और मुक्ति के साधक।

—सद्गुरु

- अन्य देशों में मैं एक पर्यटक के रूप में जा सकता हूँ, लेकिन भारत में मैं एक तीर्थयात्री के रूप में आता हूँ।

—मार्टिन लूथर किंग, जूनियर

- भारत में आपको सिखाया जाता है कि कुछ ऐसे गुण हैं, जो आपको एक दिव्य इनसान बनाते हैं।

—दीपक चोपड़ा

- लगभग 40 वर्षों और दुनिया के महान् धर्मों के अध्ययन के बाद मुझे कोई भी इतना परिपूर्ण, इतना वैज्ञानिक, इतना दार्शनिक और इतना आध्यात्मिक नहीं मिला कि हिंदू धर्म के नाम से जाना जानेवाला महान् धर्म। कोई गलती न करें, हिंदुत्व के बिना भारत का कोई भविष्य नहीं है।

—एनी बेसेंट

- जब आप किसी की प्रशंसा करते हैं तो आप उनके अच्छे कर्मों को अपना लेते हैं। जब आप किसी को दोष देते हैं तो आप उनके बुरे कर्मों को अपने ऊपर लेते हैं।

—श्री श्री रविशंकर

- विष्णु की भक्ति से अपराध कर्म, कूट, बीज और प्रारब्ध कर्म नष्ट हो सकते हैं।

—पद्म पुराण

- जो कुछ भी आप किसी के साथ करते हैं, वह आपके पास वापस आ जाता है। यही कर्म सिद्धांत है, बहुत सरल।

—श्री श्री रविशंकर

- भारत में अनादि काल से अहिंसा की अटूट परंपरा रही है।

—महात्मा गांधी

- भारत एक लोकतांत्रिक देश है और कोई भी प्रधानमंत्री बन सकता है।

—नरेंद्र मोदी

- जहाँ तक मैं न्याय करने में सक्षम हूँ, भारत को सबसे असाधारण देश बनाने के लिए मनुष्य या प्रकृति द्वारा कुछ भी नहीं छोड़ा गया है। ऐसा लगता है कि कुछ भी भूला नहीं गया, कुछ भी अनदेखा नहीं किया गया है।

—मार्क ट्वेन

- संस्कृत भाषा, जो भी इसकी प्राचीनता है, अद्‌भुत संरचना की है। ग्रीक से अधिक परिपूर्ण, लैटिन से अधिक प्रचुर और दोनों में से अधिक उत्कृष्ट रूप से परिष्कृत है।

—सर विलियम जोन्स

- भारतीय जीवन-शैली प्राकृतिक, वास्तविक जीवन-शैली की दृष्टि प्रदान करती है। हम अपने आप को अप्राकृतिक मुखौटों से ढक लेते

हैं। भारत के चेहरे पर कोमल भाव हैं, जो रचनाकारों के हाथ की छाप रखते हैं।

—जॉर्ज बर्नार्ड शॉ

- दुनिया के सभी राष्ट्रों में से हम कभी भी एक विजयी जाति नहीं रहे हैं, और यह आशीर्वाद हमारे सिर पर है और इसलिए, हम जीते हैं।

—स्वामी विवेकानंद

□

4

एकता और एकजुटता

एकता और एकजुटता साझा हितों, उद्देश्यों, मानकों एवं सहानुभूति के बारे में जागरूकता है, जो समूहों या वर्गों की एकता की मनोवैज्ञानिक भावना पैदा करती है। यह वर्ग सहयोग पर आधारित है। यह एक ऐसे समाज में संबंधों को संदर्भित करता है, जो लोगों को एक साथ बाँधता है। ये शब्द आमतौर पर समाज-शास्त्र और अन्य सामाजिक विज्ञानों के साथ-साथ दर्शन एवं जैव-नैतिकता में भी प्रयोग किए जाते हैं।

प्रधानमंत्री नरेंद्र मोदी ने 15 अगस्त, 2022 को लाल किले की प्राचीर से देश को संबोधित करते हुए इसे एक बहुत महत्त्वपूर्ण मुद्दा बताते हुए कहा, "हमें अपने विशाल देश की विविधता का जश्न मनाने की जरूरत है। असंख्य परंपराओं और पंथों का शांतिपूर्ण सह-अस्तित्व हमारा गौरव है। हमारे लिए सब बराबर हैं। कोई भी हीन या श्रेष्ठ नहीं है; सब हमारे अपने हैं। एकता की यह भावना एकता के लिए महत्त्वपूर्ण है। हर घर में एकता की नींव तभी रखी जा सकती है, जब बेटा-बेटी में बराबरी हो। यदि परिवार अपनी पीढ़ियों में लैंगिक भेदभाव का बीज बोता है तो समाज में एकता की भावना कभी नहीं बुनी जा सकती। लैंगिक समानता हमारी पहली शर्त है। जब हम एकता की बात करते हैं तो क्यों न केवल एक पैरामीटर या मानक 'इंडिया फर्स्ट' का ही हो। मेरे सभी प्रयास, जो कुछ भी मैं सोच रहा हूँ, कह रहा हूँ या कल्पना कर रहा हूँ—वह 'इंडिया फर्स्ट' के अनुसार है। इस तरह, हम सभी के लिए एकता का रास्ता खोला जा सकता है। यह वह मंत्र है, जिसे हमें अपनाने की

जरूरत है, ताकि हम सभी को एकता के सूत्र में बाँधा जा सके। मुझे पूरा विश्वास है कि इस प्रकार हम अपने समाज में व्याप्त भेदभाव को कम कर सकते हैं। हम 'श्रमेव जयते' के मूल्य का समर्थन करते हैं, जिसका अर्थ है कि मजदूर का सम्मान करना हमारे स्वभाव में होना चाहिए।"

एकजुटता का आधार क्या है और इसे कैसे लागू किया जाता है, यह समाजों के बीच भिन्न होता है। वैश्विक दक्षिण समाजों में यह मुख्य रूप से रिश्तेदारी और साझा मूल्यों पर आधारित हो सकता है, जबकि वैश्विक उत्तर समाज विभिन्न सिद्धांतों को जमा करते हैं, जो एकजुटता की भावना या बल्कि सामाजिक सामंजस्य में योगदान करते हैं। सामूहिकवाद के विपरीत एकजुटता व्यक्तियों को अस्वीकार नहीं करती है और व्यक्तियों को समाज के आधार के रूप में देखती है।

एकजुटता का आधार क्या है और इसे कैसे लागू किया जाता है, यह समाजों के बीच भिन्न होता है। वैश्विक दक्षिण समाजों में यह मुख्य रूप से रिश्तेदारी और साझा मूल्यों पर आधारित हो सकता है, जबकि वैश्विक उत्तर समाज विभिन्न सिद्धांतों को जमा करते हैं, जो एकजुटता की भावना या बल्कि सामाजिक सामंजस्य में योगदान करते हैं।

एकजुटता के महत्त्व को रेखांकित करने और इसे बढ़ावा देने के उद्देश्य से प्रत्येक वर्ष 20 दिसंबर को 'अंतरराष्ट्रीय मानव एकता दिवस' के रूप में मनाया जाता है। जैव-नैतिकता और मानव अधिकारों पर सार्वभौमिक घोषणा में एकजुटता की अवधारणाओं का उल्लेख किया गया है; लेकिन स्पष्ट रूप से परिभाषित नहीं किया गया है। जैव प्रौद्योगिकी और जैव चिकित्सा वृद्धि अनुसंधान एवं उत्पादन में वृद्धि के रूप में स्वास्थ्य देखभाल प्रणाली ढाँचे के भीतर एकजुटता की विशिष्ट परिभाषा की आवश्यकता महत्त्वपूर्ण है। हालाँकि, मानव अधिकारों पर यूरोपीय सम्मेलन में और न ही संयुक्त राष्ट्र के मानवाधिकारों की सार्वभौम घोषणा में एकजुटता का उल्लेख नहीं किया गया

है और इसलिए, बुनियादी अधिकारों की तुलना में इसका कानूनी अर्थ कम है।

सामाजिक एकजुटता के प्रकार समाज के प्रकारों से संबंधित हैं। लोग समान कार्य, शैक्षिक व धार्मिक प्रशिक्षण और जीवन-शैली के माध्यम से जुड़ाव महसूस करते हैं। यांत्रिक एकजुटता आमतौर पर 'पारंपरिक' और छोटे पैमाने के समाजों में काम करती है। सरल समाजों (जैसे—आदिवासी) में एकजुटता आमतौर पर पारिवारिक नेटवर्क के रिश्तेदारी संबंधों पर आधारित होती है। जैविक एकजुटता अन्योन्याश्रितता से आती है, जो काम की विशेषज्ञता और लोगों के बीच पूरकता से उत्पन्न होती है—एक ऐसा विकास, जो 'आधुनिक' एवं 'औद्योगिक' समाजों में होता है।

एकता और एकजुटता निर्भरता पर आधारित सामाजिकता है, जो अधिक उन्नत समाजों में व्यक्तियों की एक-दूसरे पर होती है। यद्यपि व्यक्ति अलग-अलग कार्य करते हैं और अकसर अलग-अलग मूल्य व रुचि रखते हैं, समाज की व्यवस्था और बहुत एकजुटता उनके निर्दिष्ट कार्यों को करने के लिए एक-दूसरे पर निर्भर करती है।

एकता और एकजुटता निर्भरता पर आधारित सामाजिकता है, जो अधिक उन्नत समाजों में व्यक्तियों की एक-दूसरे पर होती है। यद्यपि व्यक्ति अलग-अलग कार्य करते हैं और अकसर अलग-अलग मूल्य व रुचि रखते हैं, समाज की व्यवस्था और बहुत एकजुटता उनके निर्दिष्ट कार्यों को करने के लिए एक-दूसरे पर निर्भर करती है।

एकजुटता अभ्यास बन जाना चाहिए

एक प्रजाति के भीतर पारस्परिक सहायता या सहयोग सामाजिक संस्थाओं के विकास में एक महत्त्वपूर्ण कारक रहा है। आपसी सहायता के लिए एकजुटता आवश्यक है; अन्य लोगों के प्रति सहायक गतिविधि इनाम की अपेक्षा से नहीं, बल्कि एकजुटता की सहज भावनाओं से उत्पन्न होती है।

एकता कानून, नैतिकता और राजनीतिक दर्शन के विभिन्न उप-क्षेत्रों के भीतर समकालीन दर्शन में एक फिर से उभरती हुई अवधारणा है। सुकरात और अरस्तू जैसे प्रारंभिक प्राचीन दार्शनिक एकजुटता की एक नैतिक ढाँचे के रूप में चर्चा करते हैं; क्योंकि एक अच्छा जीवन जीने के लिए किसी भी कार्य को इस तरह से व्यवहार करना चाहिए, जो समुदाय के साथ एकजुटता को बढ़ा सके।

इसी संदर्भ को आगे बढ़ाते हुए प्रधानमंत्री नरेंद्र मोदी ने 21 जून, 2021; अंतरराष्ट्रीय योग दिवस के मौके पर देश को संबोधित करते हुए कहा, "अंतरराष्ट्रीय योग दिवस एकजुटता का दिन है। यह सार्वभौमिक भाईचारे का दिन है। लोग अपने घरों में ही अपने पूरे परिवार के साथ योग का अभ्यास कर रहे हैं। योग हमें साथ लाया है।"

"योग पारिवारिक बंधन को बढ़ावा देता है; क्योंकि बच्चे, युवा, परिवार में बड़े लोग योग का अभ्यास करने के लिए एक साथ आते हैं, घर में सकारात्मक ऊर्जा का प्रवाह होता है। योग भावनात्मक स्थिरता को भी बढ़ावा देता है।"

"योग पारिवारिक बंधन को बढ़ावा देता है; क्योंकि बच्चे, युवा, परिवार में बड़े लोग योग का अभ्यास करने के लिए एक साथ आते हैं, घर में सकारात्मक ऊर्जा का प्रवाह होता है। योग भावनात्मक स्थिरता को भी बढ़ावा देता है।"

प्रधानमंत्री ने कहा कि योग एकता की शक्ति के रूप में उभरा है। यह मानवता के बंधनों को गहरा करता है, क्योंकि यह भेदभाव नहीं करता। यह नस्ल, रंग, लिंग, आस्था और राष्ट्रों से परे है। योग को कोई भी अपना सकता है। यदि हम अपने स्वास्थ्य एवं आशा के तार को ठीक कर लें तो वह दिन दूर नहीं, जब दुनिया स्वस्थ और सुखी मानवता की सफलता की गवाह बनेगी। ऐसा करने में योग निश्चित रूप से हमारी मदद कर सकता है।

प्रधानमंत्री अपने सभी संबोधनों में एकता और एकजुटता की बात अवश्य करते हैं। केवड़िया, गुजरात में स्टेच्यू ऑफ यूनिटी में आयोजित

'राष्ट्रीय एकता दिवस' या राष्ट्रीय एकता दिवस समारोह में अपने संबोधन में प्रधानमंत्री मोदी ने कहा, "इसने (स्टेच्यू ऑफ यूनिटी) भारत को एकजुट करनेवाले आदर्शों को नई ऊँचाइयाँ दी हैं। जम्मू व कश्मीर हो, उत्तर-पूर्व हो या हिमालय का गाँव, आज सभी विकास की ओर बढ़ रहे हैं।"

प्रधानमंत्री मोदी ने कहा कि हमने देखा है कि जब हम एक भारत के रूप में आगे बढ़े तो हमें सफलता मिली और इसके विकास में भी योगदान दिया। "हमने कोविड महामारी के दौरान देखा है, नए कोविड अस्पतालों से लेकर वेंटिलेटर तक, दवाओं के निर्माण से लेकर 100 करोड़ टीकाकरण की खुराक को पार करने के लिए यह सभी उद्योगों द्वारा हर नागरिक के लिए संभव बनाया गया था। अब, हमें 'आत्मनिर्भर भारत' की एक मजबूत नींव बनानी है।"

> ***हमने कोविड महामारी के दौरान देखा है, नए कोविड अस्पतालों से लेकर वेंटिलेटर तक, दवाओं के निर्माण से लेकर 100 करोड़ टीकाकरण की खुराक को पार करने के लिए यह सभी उद्योगों द्वारा हर नागरिक के लिए संभव बनाया गया था। अब, हमें 'आत्मनिर्भर भारत' की एक मजबूत नींव बनानी है।***

"अंग्रेजों के पास देश को टुकड़ों में बाँटने की योजना थी। उनकी भारत, पाकिस्तान और 550 से अधिक रियासतों को अलग करने की योजना थी। सरदार पटेल ने उनकी योजना को विफल कर दिया। यह उनके जन्मदिन पर है कि हम अविभाजित भारत की प्रतिज्ञा लेते हैं।"

"केवड़िया एक जगह का नाम नहीं है, बल्कि एक तीर्थस्थल, राष्ट्रीय धर्म और राष्ट्रीय एकता का तीर्थस्थल बन गया है। सरदार पटेल की प्रतिमा पूरी दुनिया को संदेश दे रही है कि भारत का भविष्य उज्ज्वल है। कोई भी भारत की एकता और अखंडता को नुकसान नहीं पहुँचा सकता।"

युवाओं को कम-से-कम एक बार 'धार्मिक स्थान' की यात्रा करने का आह्वान करते हुए अमित शाह ने कहा कि स्टेच्यू ऑफ लिबर्टी की तुलना में

दो गुना ऊँची प्रतिमा ने 30 महीनों में 50 लाख से अधिक आगंतुकों के साथ एक वर्ष में अपने कदमों को पार कर लिया है।

उन्होंने कहा कि यह प्रतिमा प्रधानमंत्री मोदी की दूरदर्शिता है, जहाँ से आनेवाली पीढ़ियाँ भारत की एकता और एकीकरण की प्रेरणा लेंगी।

"प्रधानमंत्री मोदी ने इन 7 वर्षों को 60 करोड़ गरीब आबादी को समर्पित किया है। आजादी के 70 साल तक उन्होंने खुद को विकास का हिस्सा नहीं पाया, लेकिन प्रधानमंत्री मोदी 60 करोड़ गरीब लोगों के बीच यह भावना लाए। उन्हें बिजली से जोड़ा गया है, शौचालय व पीने का पानी उपलब्ध कराया गया है और हर व्यक्ति के पास प्रधानमंत्री 'आयुष्मान भारत' कार्ड है। अब मोदीजी ने 'नल से जल' के मिशन को घर-घर तक ले लिया है।"

प्रधानमंत्री मोदी ने इन 7 वर्षों को 60 करोड़ गरीब आबादी को समर्पित किया है। आजादी के 70 साल तक उन्होंने खुद को विकास का हिस्सा नहीं पाया, लेकिन प्रधानमंत्री मोदी 60 करोड़ गरीब लोगों के बीच यह भावना लाए।

सामाजिक-आर्थिक समस्याओं का समाधान सभी प्रकार की एकजुटता की मदद से ही किया जा सकता है—गरीबों की आपस में एकता और एकजुटता, अमीर व गरीब के बीच एकता और एकजुटता, आपस में श्रमिकों की एकता और एकजुटता, एक व्यवसाय में नियोक्ताओं व कर्मचारियों के बीच एकता और एकजुटता, राष्ट्रों के बीच एकता और एकजुटता—विश्व शांति आंशिक रूप से इसी पर निर्भर करती है। एकता और एकजुटता का गुण भौतिक वस्तुओं से परे है।

नागरिक समाज और एकजुटता

एकजुटता—मनुष्य को शिक्षित करने का एक महत्त्वपूर्ण सिद्धांत, वह मूल्य है, जो शांति के साथ समाज का पोषण करता है।

कई बार, शायद बहुत बार, 'गैर' इनसानों के रूप में हमारी स्थिति हमें

असमर्थ बनाती है। एक प्राकृतिक आवेग हमारे व्यवहारों पर हावी हो जाता है। यह हमें अपनी आवश्यकताओं को प्राथमिकता के रूप में पूरा करने के लिए प्रेरित करता है, उन्हें दूसरों की जरूरतों से पहले रखता है।

एकजुटता एक ऐसा मूल्य है, जिसे संस्कृति के माध्यम से उदाहरण के रूप में माना जाता है।

एक ऐसे वातावरण में रहना—पारिवारिक या सामाजिक—जहाँ हमेशा दूसरों की मदद करने की इच्छा और भावना होती है, वही इस मूल्य को प्रबल बनाता है, बढ़ता है और एक व्यक्ति की जीवन-संस्कृति के रूप में विकसित होता है। हम जो कहते हैं और फिर करते हैं, उसके अनुरूप होने के साथ एकजुटता जुड़ी हुई है।

एक ऐसे वातावरण में रहना—पारिवारिक या सामाजिक—जहाँ हमेशा दूसरों की मदद करने की इच्छा और भावना होती है, वही इस मूल्य को प्रबल बनाता है, बढ़ता है और एक व्यक्ति की जीवन-संस्कृति के रूप में विकसित होता है। हम जो कहते हैं और फिर करते हैं, उसके अनुरूप होने के साथ एकजुटता जुड़ी हुई है।

यह हम न भूलें! जो चीजें हमारे लिए मायने रखती हैं, उन्हें छोड़ देना या किसी ऐसे व्यक्ति के पक्ष में अपने संसाधनों का उपभोग करना, जिसे इसकी आवश्यकता है; कुछ अच्छा है; लेकिन करना मुश्किल भी है।

यह सुनिश्चित करना कि हमारे व्यवहार उचित हैं और हमारे मूल्यों व सिद्धांतों के अनुरूप हैं, वही हमें दूसरों में एकजुटता के व्यवहार को स्थापित करने के लिए उपयुक्त बनाता है।

हमारी एकजुटता को विभिन्न तरीकों से व्यवहार में लाया जा सकता है—स्वयंसेवी कार्यों के साथ, सामाजिक सहायता के साथ, आर्थिक योगदान के साथ, सीधे हमारे आसपास के लोगों के साथ और जिन्हें हमारी आवश्यकता है या परोक्ष रूप से उन संगठनों व संस्थानों के माध्यम से, जो दाता और प्राप्तकर्ता के बीच मध्यस्थता करते हैं।

जरूरतमंदों की मदद करना, केवल व्यक्तिगत विश्वास के कारण ऐसा किए बिना, उस व्यक्ति के लिए एक अनूठा अनुभव है, जो इसका अनुभव करता है। यह वही है, जो व्यक्ति को असंतोष और अपराध-बोध से वंचित करता है; यह वही है, जो हमारे पास जो कुछ है, उसके विशेषाधिकार का आनंद लेने और उसके लिए आभारी होने की ओर ले जाता है।

इस मूल्य की शिक्षा एवं एकजुटता बचपन में शुरू होती है और अनुभव के साथ विकसित होती है, जो हम देखते व सुनते हैं। सहायक होना सबसे अच्छी विरासत है कि माता-पिता अपने बच्चों को एक बेहतर दुनिया बनाने के लिए छोड़ सकते हैं, जिसमें हम सभी सम्मान के साथ समाज में रह सकें।

इस मूल्य की शिक्षा एवं एकजुटता बचपन में शुरू होती है और अनुभव के साथ विकसित होती है, जो हम देखते व सुनते हैं। सहायक होना सबसे अच्छी विरासत है कि माता-पिता अपने बच्चों को एक बेहतर दुनिया बनाने के लिए छोड़ सकते हैं, जिसमें हम सभी सम्मान के साथ समाज में रह सकें।

एकजुटता का जादू

एकता और एकजुटता एक ऐसा मूल्य है, जो व्यक्तियों के बीच आपसी सहयोग की विशेषता है; जो हमें सबसे भयानक आपदाओं, जैसे—युद्ध, विपत्तियों, बीमारियों आदि को दूर करने की अनुमति देता है।

एकजुटता किसी से भी आ सकती है और किसी पर भी लागू हो सकती है, जिसमें हमारे रिश्तेदार, दोस्त, पड़ोसी और यहाँ तक कि अजनबी भी शामिल हैं; जैसे—बच्चे, किशोर या वयस्क कमजोर परिस्थितियों में और सीमित संसाधनों के साथ।

एकजुटता एक गुण है; क्योंकि इसके माध्यम से हम खुद को अन्य लोगों के साथ एकजुट दिखाते हैं; उनकी रुचियों, चिंताओं और जरूरतों को साझा करते हैं—बिना किसी भावनात्मक बंधन के, जो उन्हें एकजुट करता है।

दूसरे शब्दों में, एकजुटता एक गुण है, क्योंकि यह हमें उन लोगों के करीब लाता है, जिन्हें अपने जीवन में दया या मदद की आवश्यकता होती है।

एकता और एकजुटता दरशाने के कुछ ये तरीके हो सकते हैं—

- व्यक्तिगत वस्तुओं का दान करें, जिनका आप अब उपयोग नहीं करते हैं; जैसे—कपड़े, बरतन, फर्नीचर आदि।
- अपना समय व स्नेह उन लोगों को दें, जिन्हें इसकी सबसे अधिक आवश्यकता है; जैसे कि उन बच्चों को पढ़ना सिखाना, जिनके पास शिक्षा तक पहुँच नहीं है।
- एक पारदर्शी और संवेदनशील एन.जी.ओ. के माध्यम से किसी अच्छे उद्देश्य के लिए किसी भी राशि का वित्तीय योगदान करें।
- एकता और एकजुटता से संबद्ध जागरूकता गतिविधियों में भाग लें।
- पर्यावरण का सम्मान करें और कूड़ा-करकट सड़क पर न फेंकें।
- जानवरों के प्रति स्नेह और सम्मान दिखाएँ।
- संभव हो तो समय-समय पर बीमारों की सहायता के लिए रक्तदान करें।

जैसा कि आप देख सकते हैं कि एकजुटता एक गुण और एक मूल्य है, जिसे आपको कम उम्र से ही अपने बेटों व बेटियों में कई तरीकों से पैदा करना चाहिए—सीधी बातचीत से, पारिवारिक एकजुटता की काररवाई, पाठ या वीडियो प्रारूप में बच्चों की कहानियाँ, और बहुत कुछ। एकजुटता एक ऐसा गुण है, जो आपको बदले में कुछ भी प्राप्त किए बिना मदद करने के साधारण तथ्य के लिए एक बेहतर इनसान बनाता है। हमेशा इसे व्यवहार में लाएँ और उन लोगों की मदद करें, जिनके पास आपके जैसी रहने की स्थिति नहीं है।

याद रखें, "हमें दूसरों की मदद करने के लिए किसी कारण की आवश्यकता नहीं है।"

बदले में कुछ भी प्राप्त किए बिना किसी अन्य व्यक्ति के लाभ के लिए कार्य करने से अधिक मूल्यवान् कुछ नहीं है। वस्तुतः एकता और एकजुटता

वह मूल्य है, जो समाज की भलाई को बनाए रखने का आधार है। एकजुटता से एक संयुक्त समाज को सद्भाव के साथ प्राप्त करना संभव है। यह कई मानवीय मूल्यों का आधार है—दोस्ती, परिवार, प्रेम, प्रजनन क्षमता, वफादारी आदि।

जब तक एकजुटता है, कोई जरूरतमंद होगा और कोई ऐसा, जो उन जरूरतों को पूरा कर सकता है।

एकजुटता हम सभी को एकसूत्रित करती है। एकजुटता सहानुभूति के साथ उदारता के संयोजन, समस्याओं को हल करने के लिए काररवाई करने और प्रतिकूल परिस्थितियों में सुधार करने में योगदान करने का एक तरीका है।

एकजुटता हम सभी को एकसूत्रित करती है। एकजुटता सहानुभूति के साथ उदारता के संयोजन, समस्याओं को हल करने के लिए काररवाई करने और प्रतिकूल परिस्थितियों में सुधार करने में योगदान करने का एक तरीका है।

कभी-कभी समाज गलती से यह मान लेता है कि एक सहायक व्यक्ति होने के लिए गरीबी, भूख या असमानता के खिलाफ जारी परियोजनाओं में बड़ी मात्रा में धन दान करना पड़ता है। हालाँकि, जिस एकजुटता में हम विश्वास करते हैं, वह अलग है। यह हमें उन सैकड़ों-हजारों लोगों द्वारा सिखाया गया है, जिन्होंने अपने जीवन में किसी समय हमारे उद्देश्य के साथ सहयोग किया है—एक बच्चे (या बच्चों के समूह) के आपात स्थिति में होने पर समय पर दान करना एकजुटता है।

हम सभी के पास कम-से-कम एक कारण होता है, जो हमें एकता और एकजुटता के लिए प्रेरित करता है—पड़ोस में दयनीय जीवन, लाचार बुजुर्ग, भूखा बचपन, समानता की लड़ाई, शरणार्थी, स्वास्थ्य, शिक्षा, खतरे में पक्षी इत्यादि।

एकजुटता का प्रयोग कई तरह से किया जाता है—वृद्ध लोगों के साथ समय व्यतीत करना, उनकी सेवा करना; पशु आश्रयों में, किसी संगठन के साथ आर्थिक रूप से सहयोग करना।

सामान्यत: सामाजिक आधार का हिस्सा बननेवाले अधिकांश लोग बड़े आर्थिक संसाधनोंवाले लोग नहीं हैं; बल्कि वे लोग हैं, जो निर्णय लेते हैं कि उनके पास जो कुछ है, उसमें से थोड़ा सा योगदान करना। ऐसे लोग भी हैं, जिन्होंने अपने जीवन में एक निश्चित बिंदु पर प्रत्यक्ष या अप्रत्यक्ष रूप से समान परिस्थितियों का सामना किया है, जिस कारण से वे समर्थन करते हैं और वर्तमान में उन लोगों की मदद करने का निर्णय लेते हैं, जो आज उसी चीज से गुजर सकते हैं।

हम ज्यादातर अवसरों पर महसूस करते हैं कि समाज में व्याप्त विसंगतियों के समाधान में योगदान करने के लिए हमारे पास बहुत कम संसाधन हैं। हम युद्ध, जलवायु परिवर्तन, बाल गरीबी, महिलाओं के खिलाफ हिंसा को लाइलाज रूप में देखते हैं और हमें संदेह होता है कि हमारे योगदान से परिणाम प्राप्त होंगे।

एकजुटता आमतौर पर सार्वजनिक रूप से व्यक्त नहीं की जाती है। लोग इसे स्वाभाविक रूप से जीते हैं और उनके लिए यह एक सामान्य रवैया है।

हम ज्यादातर अवसरों पर महसूस करते हैं कि समाज में व्याप्त विसंगतियों के समाधान में योगदान करने के लिए हमारे पास बहुत कम संसाधन हैं। हम युद्ध, जलवायु परिवर्तन, बाल गरीबी, महिलाओं के खिलाफ हिंसा को लाइलाज रूप में देखते हैं और हमें संदेह होता है कि हमारे योगदान से परिणाम प्राप्त होंगे।

क्या आप भी उन लोगों में से हैं, जो सोचते हैं कि कोई समाधान नहीं है कि चीजें हमेशा की तरह होती हैं और इसे हल करने के लिए हम कुछ नहीं कर सकते?

गलत है! दुनिया में सुधार हुआ है और ऐसा इसलिए, होता है, क्योंकि देखभाल करनेवाले लोग हैं, जो काम करते हैं और लड़ते हैं, ताकि समस्याएँ हल हो जाएँ और अन्याय समाप्त हो जाए या कम-से-कम हो जाए। कुछ भी अपने आप ठीक नहीं होता।

एकजुटतावाले लोग एक समुदाय के रूप में लोगों की शक्ति में विश्वास करते हैं और साथ ही, अपने मूल्यों के पैमाने से स्वयं पीड़ित लोगों के बगल में खड़ा रखते हैं, जिनकी कोई आवाज नहीं है।

एकजुटता सिखाई जाती है, सीखी जाती है, विरासत में मिलती है और फैलती है—किसी भी मूल्य की तरह। उदाहरण के माध्यम से बेटों व बेटियों में एकजुटता पैदा की जाती है। अनेक पारंपरिक परिवारों के दादा व दादी, बेटियाँ, बेटे, पोते व पोती—साल-दर-साल एकजुटता के जादू का अनुभव करते हैं—परमार्थ करके। ऐसे परिवारों में पारंपरिक रूप से एकता और एकजुटता संचारित होती है।

मानवीय एकता और एकजुटता एक ऐसा मूल्य है, जिसकी बदौलत हम इतिहास की बड़ी चुनौतियों से पार पाने में सफल हुए हैं। कोविड-19 की चुनौती इसका सबसे बड़ा उदाहरण है। सभी देशों ने एकता और एकजुटता के साथ इसकी वैक्सीन की खोज की और इस महामारी से सफलतापूर्वक उबरने में कामयाब हुए।

मानवीय एकता और एकजुटता एक ऐसा मूल्य है, जिसकी बदौलत हम इतिहास की बड़ी चुनौतियों से पार पाने में सफल हुए हैं। कोविड-19 की चुनौती इसका सबसे बड़ा उदाहरण है। सभी देशों ने एकता और एकजुटता के साथ इसकी वैक्सीन की खोज की और इस महामारी से सफलतापूर्वक उबरने में कामयाब हुए। कोविड-19 महामारी ने एक सामाजिक एवं वैश्विक एकजुटता आंदोलन उत्पन्न किया, क्योंकि यह पूरी दुनिया को प्रभावित कर रहा था और यह हमें तेजी से प्रतिक्रिया करने, उदार होने तथा बहुसंख्यकों की भलाई के बारे में सोचने के लिए प्रेरित कर रहा था।

एकता और एकजुटता एक सामाजिक निर्माण है; एक प्रकार का मूल्य, जो धीरे-धीरे अपने निकटतम केंद्र से निर्मित होता है, जो कि परिवार है और फिर स्कूल में, काम पर, समाजों एवं राष्ट्रों के बीच। एकजुटता निष्पक्ष

समाज बनाने में मदद करती है, क्योंकि यह केवल व्यक्ति ही नहीं, बल्कि सामान्य भलाई पर विचार करती है।

एक-दूसरे की मदद करना, घर और सड़क पर सम्मान करना, अच्छे नागरिक होना, नियमों का पालन करना, स्वच्छता उपायों का सम्मान करना—एकता और एकजुटता के पैमानों में शामिल हो सकते हैं।

संकट के समय एकजुटता अधिक मूल्य प्राप्त करती है। प्रतिकूल परिस्थितियों ने दिखाया है कि मनुष्य एक-दूसरे को जाने बिना भी दुर्भाग्य और चुनौतियों का एक साथ सामना करने में सक्षम हैं।

कई लोग अकसर यह तर्क देते हैं कि एकजुटता दुःखद परिस्थितियों को कम करने का एक अच्छा तरीका है, जिसमें सरकार अनुपस्थित दिखाई देती हो या सही ढंग से कार्य न करती हो। इस प्रकार, सरकारों के अभाव में कुछ स्वयंसेवी संगठन अकसर बहुत प्रभावी हो सकते हैं। हालाँकि, यही पर्याप्त नहीं है।

कई लोग अकसर यह तर्क देते हैं कि एकजुटता दुःखद परिस्थितियों को कम करने का एक अच्छा तरीका है, जिसमें सरकार अनुपस्थित दिखाई देती हो या सही ढंग से कार्य न करती हो। इस प्रकार, सरकारों के अभाव में कुछ स्वयंसेवी संगठन अकसर बहुत प्रभावी हो सकते हैं। हालाँकि, यही पर्याप्त नहीं है। इसमें सरकारों और स्वयंसेवी संगठनों के साथ ही आम नागरिकों की भागीदारी भी महत्त्वपूर्ण हो जाती है।

स्मरणीय है कि एकजुटता दूसरे की मदद करने और सामाजिक विकास में योगदान करने का एक मानवीय कार्य है। तब एकजुटता का महत्त्व सीधे तौर पर सामाजिक विकास से जुड़ा है। इस अर्थ में यह स्पष्ट करना महत्त्वपूर्ण है कि एकजुटता से तात्पर्य किसी भी निस्स्वार्थ कार्य से है, जिसका अर्थ किसी तीसरे पक्ष के लिए लाभ हो सकता है और जो इसे करनेवाले के लिए कुछ स्तर की संतुष्टि होता है।

यद्यपि एकजुटता का विचार आमतौर पर विनम्र या वंचित सामाजिक समूहों की धारणा से संबंधित है, ऐसे कई कार्य हैं, जो दिन के दौरान सहायक हो सकते हैं, जैसे कि एक बुजुर्ग व्यक्ति को सड़क पार करने में मदद करना, स्वयंसेवा में भाग लेना आदि। जहाँ भी एकजुटता की भावना होगी, कोई जरूरतमंद होगा और कोई उन जरूरतों को पूरा करनेवाला। मुश्किल काम यह सुनिश्चित करना होगा कि उन जरूरतों को हर समय पूरा किया जाए, न कि थोड़े समय के लिए।

एकजुटता निस्संदेह महत्त्वपूर्ण है, क्योंकि इससे समाज अधिक सामंजस्यपूर्ण ढंग से काम करता है। ऐसा इसलिए, है, क्योंकि जो लोग एकजुटता से कार्य करते हैं, उनमें आवश्यक रूप से उस वंचित स्थिति के बारे में जागरूकता का कुछ स्तर होना चाहिए, जिससे दूसरा गुजर रहा है और सचेत रूप से वहाँ से चुनने के लिए विभिन्न प्रकार की कारवाइयाँ कर सकते हैं, सहयोग कर सकते हैं, ताकि यह स्थिति बदल जाए।

एकता और एकजुटता एक सतत प्रक्रिया है। कुछ लोग लगातार और बहुत अधिक सक्रिय रूप से इसमें जुटे रहते हैं—जैसे कि कोई व्यक्ति, जो बच्चों के लिए भोजन रसोई का आयोजन करता है, जिसके लिए स्थायी उपस्थिति की आवश्यकता होती है, कोई भी एक विशेष काररवाई करते समय एकजुटता दिखा रहा होता है।

एकता और एकजुटता एक सतत प्रक्रिया है। कुछ लोग लगातार और बहुत अधिक सक्रिय रूप से इसमें जुटे रहते हैं—जैसे कि कोई व्यक्ति, जो बच्चों के लिए भोजन रसोई का आयोजन करता है, जिसके लिए स्थायी उपस्थिति की आवश्यकता होती है, कोई भी एक विशेष काररवाई करते समय एकजुटता दिखा रहा होता है।

महत्त्वपूर्ण बात यह ध्यान रखना है कि सभी योगदान, जो कोई भी कर सकता है, उन लोगों के जीवन की गुणवत्ता में सुधार करने के लिए काम करेगा, जिनके पास बहुत कुछ अभाव होता है और फिर एकजुटता आसानी से

समाधान प्रदान करने या उन लोगों की सहायता करने का साधन बन सकती है, जिन्हें इसकी सबसे अधिक आवश्यकता है।

एकजुटता के छोटे मौके

एकता और एकजुटता के कई छोटे मौके हो सकते हैं, जैसे—एक टैक्सी ड्राइवर को देखकर मुसकराना, अपने पड़ोसी के लिए दरवाजा खोलना, जब वह मार्केट से लदा हुआ आता है या किसी दु:खी दोस्त को सांत्वना देना, किसी बुजुर्ग व्यक्ति को सीट देना, किसी को भारी पैकेज ले जाने में मदद करना, किसी दोस्त या परिचित को दिलासा देना—ये एकजुटता के छोटे इशारे हैं, जो हम लगभग महसूस किए बिना करते हैं। लेकिन वे भी कम मूल्यवान् नहीं हैं।

अत:, कह सकते हैं कि एकजुटता हर किसी की पहुँच में है। आइए, दैनिक जीवन में एकजुटता के कुछ उदाहरणों पर नजर डालते हैं। क्या आप इस दुनिया को एक बेहतर जगह बनाना चाहते हैं?

अत:, कह सकते हैं कि एकजुटता हर किसी की पहुँच में है। आइए, दैनिक जीवन में एकजुटता के कुछ उदाहरणों पर नजर डालते हैं। क्या आप इस दुनिया को एक बेहतर जगह बनाना चाहते हैं?

- वह दान करें, जिसका आप उपयोग नहीं करते हैं।

कपड़े, जो आपके लिए बेकार हैं; वे खिलौने, जिन्हें आपके बेटे व बेटियाँ भूल गए हैं; पुस्तकें, जो आप फिर कभी नहीं पढ़ेंगे। निश्चित रूप से, घर पर आपको बहुत सी चीजें मिल जाएँगी; हालाँकि, वे अच्छी स्थिति में हैं, फिर भी आपके लिए उपयोगी नहीं हैं और उनका उपयोग कम संसाधनोंवाले अन्य लोग कर सकते हैं।

बुजुर्गों के साथ

कई वृद्ध लोग अकेले रहते हैं या घरों में अकेले हैं। उनके साथ समय बिताना और बात करना न केवल एकजुटता का कार्य है, बल्कि यह जीवन

के बारे में एक सीख होगी। यदि आप अपने परिवेश में किसी को नहीं जानते तो किसी गैर-सरकारी संगठन में एक स्वयंसेवक के रूप में कुछ समय दे सकते हैं।

- अपने परिवेश में किसी ऐसे व्यक्ति की सहायता करें, जिसे इसकी आवश्यकता है।

अपना कुछ समय उस दोस्त को समर्पित करें, जिसका समय खराब चल रहा है। उस सहकर्मी को चाय-कॉफी की पेशकश करें, जो अभी नया-नया आपकी कंपनी या आपके शहर में आया है। अपने पड़ोसी के बच्चे की साइकिल को सीढ़ियों से नीचे करने में मदद करें। अपने परिवेश पर ध्यान दें, एकजुटता के छोटे-छोटे इशारे करने के लिए आपको निश्चित रूप से कई मौके मिलेंगे।

अपना कुछ समय उस दोस्त को समर्पित करें, जिसका समय खराब चल रहा है। उस सहकर्मी को चाय-कॉफी की पेशकश करें, जो अभी नया-नया आपकी कंपनी या आपके शहर में आया है। अपने पड़ोसी के बच्चे की साइकिल को सीढ़ियों से नीचे करने में मदद करें।

पर्यावरण की सुरक्षा

पर्यावरण की सुरक्षा आनेवाली पीढ़ियों के साथ एकजुटता जैसा है। जैसा अच्छा पर्यावरण हमें विरासत में मिला, वैसा ही अगली पीढ़ी के लिए सौंपना हमारी जिम्मेदारी है।

रक्तदान करें

रेड क्रॉस के अनुसार, प्रत्येक रक्तदान तीन लोगों की जान बचाता है; क्योंकि प्रत्येक निष्कर्षण में इसके मूल घटकों (लाल रक्त कोशिकाओं, प्लाज्मा एवं प्लेटलेट्स) को अलग किया जाता है और विभिन्न उद्देश्यों के लिए उपयोग किया जाता है। इसके अलावा, रक्त की समाप्ति तिथि होती है, इसलिए यह महत्त्वपूर्ण है कि भंडारण हमेशा स्वीकार्य स्तर पर हो। स्वास्थ्य,

उपभोग और समाज कल्याण मंत्रालय की वेबसाइट पर आपको इस बात की जानकारी मिलेगी कि आप अपने स्वायत्त समुदाय में कहाँ रक्तदान कर सकते हैं।

आप लोगों की जान बचाने और ऑपरेशन की प्रतीक्षा कर रहे कई लोगों की मदद कर सकते हैं। आप अस्पतालों में जाकर पता लगा सकते हैं कि किस ब्लड ग्रुप की सबसे ज्यादा जरूरत है।

- गैर-सरकारी संगठन के साथ सहयोग। आप किसी बच्चे या बच्चों के समूह को स्वास्थ्य एवं शिक्षा आदि के लिए प्रायोजित कर सकते हैं, सहयोग कर सकते हैं या एकमुश्त दान कर सकते हैं।

जानवरों की सेवा

गैर-सरकारी संगठन के साथ सहयोग। आप किसी बच्चे या बच्चों के समूह को स्वास्थ्य एवं शिक्षा आदि के लिए प्रायोजित कर सकते हैं, सहयोग कर सकते हैं या एकमुश्त दान कर सकते हैं।

जानवरों का परित्याग एक ऐसी समस्या है, जो अन्य कारणों के अलावा प्रकृति के प्रति सम्मान की कमी से उत्पन्न होती है। अपने घर में कुछ समय के लिए ऐसे परित्यक्त जानवरों की सेवा करें, ताकि वे जान सकें कि घर और प्रेम क्या है। यह एक आपसी सीख होगी!

बेघर व्यक्ति को भोजन

हम आमतौर पर सड़क पर चलते हुए लोगों को अपने कंबल के साथ जमीन पर लेटे हुए देखते हैं। ऐसे वास्तविक जरूरतमंदों की मदद करें।

- कपड़े, खिलौने या दवा दान करें। कपड़े, खिलौने, पुस्तकें या दवाइयाँ अच्छी स्थिति में न फेंकें। जिनका आप उपयोग नहीं करते हैं, उन्हें दान करें, ताकि अन्य लोग उनका लाभ उठा सकें।
- दूसरों को वे कपड़े दान करें, जिनका हम उपयोग नहीं करते हैं, खासकर ठंड के मौसम में।

- जो लोग भूखे हैं, उनके लिए हमेशा एक अतिरिक्त व्यंजन पकाएँ।
- गैर-सरकारी संगठनों एवं धर्मार्थ संगठनों में स्वयंसेवी कार्य करें।
- किसी अजनबी की सहायता करें, जो सड़क पर बेहोश हो जाए।
- उन लोगों को बस टिकट का भुगतान करें, जिन्हें इसकी आवश्यकता है और यह नहीं कर सकते।
- परिवार के किसी सदस्य या दोस्त के साथ अस्पताल पहुँचें।
- एक नए काम पर रखे गए सहकर्मी को सलाह दें और उसका स्वागत करें।
- उत्पीड़ित या हाशिए पर पड़े सामाजिक अल्पसंख्यकों का हिस्सा न होते हुए भी उनके लिए आवाज उठाएँ। दोपहर का भोजन उस साथी के साथ साझा करें, जो नहीं लाया।
- एक खोए हुए बच्चे को ढूँढ़ने में उसके माता-पिता की मदद करें।
- खाने के बाद बचा हुआ कचरा उठाएँ, ताकि अगले उपभोक्ता को साफ टेबल मिले।

उत्पीड़ित या हाशिए पर पड़े सामाजिक अल्पसंख्यकों का हिस्सा न होते हुए भी उनके लिए आवाज उठाएँ। दोपहर का भोजन उस साथी के साथ साझा करें, जो नहीं लाया। एक खोए हुए बच्चे को ढूँढ़ने में उसके माता-पिता की मदद करें।

- सड़क पर मिले सामान को उचित व्यक्ति तक पहुँचाएँ।
- किसी आपात स्थिति का सामना करने पर पड़ोसी की सहायता करें।
- यदि सार्वजनिक प्राधिकरण के दुरुपयोग का कोई मामला देखा जाता है तो हस्तक्षेप करें और रिपोर्ट करें।
- लिफ्ट में किसी ऐसे व्यक्ति की प्रतीक्षा करें, जिसने अभी-अभी भवन में प्रवेश किया हो।
- बारिश में भीगनेवाले व्यक्ति के साथ छाता साझा करें।
- किसी अजनबी की सीढ़ी पर चढ़ने में मदद करें।

- किसी अंतरराष्ट्रीय संकट के कारण के लिए धन दान करें।
- महामारी में मास्क पहनें, ताकि दूसरे संक्रमित न हों।
- वाहन चलाते समय एंबुलेंस को रास्ता दें।
- अस्पताल में बच्चों को कहानियाँ सुनाएँ।
- उधार ली गई पुस्तकालय की पुस्तकों को समय पर लौटाएँ, ताकि अन्य लोग उन तक पहुँच सकें।
- जिन लोगों के पास कम है, उन्हें सार्वजनिक सहायता के लिए तदनुरूपी करों का भुगतान करें।
- किसी जरूरतमंद दोस्त को पैसे उधार दें।
- किसी ऐसे परिचित से दोस्ती करें, जिसने परिवार के किसी सदस्य को खो दिया हो।
- प्रवासी को नौकरी के अवसर दें।
- पैदल चलनेवालों का ध्यान रखते हुए बारिश में गाड़ी चलाते समय धीमी गति से चलें।
- किसी ऐसे अजनबी जिसका एक्सीडेंट हो गया हो, को अस्पताल ले जाएँ।
- उन लोगों की सुनें, जिन्हें सुननेवालों की जरूरत है।
- किसी मित्र या परिचित के परिवार के अंतिम संस्कार में शामिल हों।
- रास्ते में व्यक्ति को लिफ्ट दें।
- उस व्यक्ति की रक्षा करें, जिसका शारीरिक रूप से शोषण किया जा रहा है।
- दुर्घटना होने पर एंबुलेंस बुलवाएँ।
- अस्पतालों और चिकित्सा केंद्रों में रक्तदान करें।
- पड़ोसी अपने घर न हों तो उनके पौधों को पानी दें।
- किसी बेरोजगार मित्र को नई नौकरी के लिए रेफर करें।
- किसी लोकप्रिय पुस्तकालय को पुस्तकें दान करें।
- किसी ऐसे व्यक्ति की मदद करें, जिसकी जान को खतरा हो।

शक्तिशाली विचार

- वास्तविक होने के लिए एकता को बिना टूटे सबसे गंभीर तनाव का सामना करना चाहिए।

—महात्मा गांधी

- हम एक-दूसरे की फसल हैं; हम एक-दूसरे के व्यवसाय हैं; हम एक-दूसरे के परिमाण और बंधन हैं।

—ग्वेनडोलिन ब्रूक्स

- हमें हित में अलग नहीं किया जा सकता है या उद्देश्य में विभाजित नहीं किया जा सकता है। हम अंत तक साथ खड़े हैं।

—वुडरो टी. विल्सन

- सच्चाई के बिना एकता साजिश से बेहतर नहीं है।

—जॉन ट्रैप

- जब भीतर कोई दुश्मन नहीं है तो बाहर के दुश्मन आपको चोट नहीं पहुँचा सकते।

—विंस्टन एस. चर्चिल

- हम उतने ही मजबूत हैं, जितने हम एकजुट हैं और उतने ही कमजोर हैं, जितने विभाजित हैं।

—जे.के. राउलिंग

- जब मकड़ियाँ एकजुट होती हैं तो वे एक शेर को बाँध सकती हैं।

—अज्ञात

- याद रखें कि प्रत्येक के आचरण पर सभी का भाग्य निर्भर करता है।

—सिकंदर महान्

- एकता का प्रकाश इतना शक्तिशाली है कि यह पूरी पृथ्वी को रोशन कर सकता है।

—बहाउल्लाह

- एकता ताकत है, विभाजन कमजोरी है।

—अज्ञात

- एकता में शक्ति है। जब टीमवर्क और सहयोग होता है तो अद्‍भुत चीजें हासिल की जा सकती हैं।

—मैटी स्टेपानेक

- जिन सवालों का सामना करना पड़ता है, उनकी अनदेखी करके आप एकता नहीं पाते हैं।

—जे. वेदरिली

- एकता में जो महत्त्व है, वह एक शाश्वत आश्चर्य है।

—रवींद्रनाथ टैगोर

- एकता में सौंदर्य और शक्ति है। हमें दिल व दिमाग से एक होना चाहिए। एक दुनिया, एक लोग।

—लैला गिफ्टी अकिता

- निस्संदेह एकता ऐसी चीज है, जिसे चाहा जाना चाहिए, इसके लिए प्रयास किया जाना चाहिए; लेकिन इसे केवल घोषणाओं से प्राप्त नहीं किया जा सकता है।

—थिओडोर बाइकेली

- कमजोर भी तब मजबूत हो जाते हैं, जब वे एक हो जाते हैं।

—फ्रेडरिक वॉन शिलर

- जहाँ एकता है, वहाँ हमेशा जीत होती है।

—पब्लिलियस साइरस

- विचारशील लोगों का एक छोटा समूह दुनिया को बदल सकता है। वास्तव में, यह एकमात्र ऐसी चीज है, जो कभी रही है।

—मार्गरेट मीडो

□

5

नागरिकों में कर्तव्य की भावना

प्रधानमंत्री नरेंद्र मोदी ने अकसर अपने संबोधन में कहा है कि भारत की आजादी से पहले लोगों में कर्तव्य की भावना अब हकदारी की भावना में बदल गई है। प्रधानमंत्री ने कहा, "महात्मा गांधी ने हमेशा कर्तव्य पर जोर दिया। हालाँकि, स्वतंत्रता के बाद कर्तव्य की यह भावना अधिकार की भावना में बदल गई। हमारे देश के विकास के लिए हमें आज दोनों की जरूरत है।"

असल में, किसी देश का नागरिक एक ऐसा व्यक्ति होता है, जिसे प्रथा या कानून के तहत एक संप्रभु राष्ट्र के कानूनी सदस्य के रूप में मान्यता प्राप्त होती है या इसकी सुरक्षा के बदले में सरकार के प्रति निष्ठा होती है, चाहे वह देश में हो या विदेश में।

एक नागरिक देश के प्रमुख स्तंभों में से एक है। वह एक राज्य द्वारा अपने निर्वाचन क्षेत्र के लोगों को दिए गए सभी कानूनी अधिकारों एवं विशेषाधिकारों का आनंद लेने का हकदार है और इसके कानूनों का पालन करने तथा अपने कर्तव्यों को प्राप्त करने के लिए बाध्य है। हम सभी अपने देश के नागरिक हैं और अपने समुदाय, राज्य व देश के प्रति कई अधिकार एवं जिम्मेदारियाँ रखते हैं।

प्रत्येक नागरिक का दायित्व है कि वह अपने समुदाय के रहने के लिए एक उपयुक्त स्थान बनाए। जब आप एक जिम्मेदार नागरिक होते हैं तो इसका मतलब है कि आप अपने कर्तव्य को पर्याप्त रूप से जानते हैं और कई

चीजों के लिए स्वेच्छा से काम करेंगे, जो सामान्य रूप से समुदाय या समाज के लिए आवश्यक हैं।

जिम्मेदार नागरिक

एक जिम्मेदार नागरिक देश के सभी कानूनों एवं व्यवस्था का पालन करता है। वह सभी मौलिक अधिकारों और कर्तव्यों का पालन करने का हकदार है; जैसे—वोट डालना, सरकारी करों का भुगतान करना और देश को भ्रष्टाचार से बचाना। देश के एक अच्छे व जिम्मेदार नागरिक होने के नाते पर्यावरण को साफ रखने; दान के लिए धन जुटाने; बिजली, पानी और प्राकृतिक संसाधनों का संरक्षण या सार्वजनिक संपत्तियों की रक्षा आदि जैसे मुद्दों से निपटने में सरकार की सहायता करनी चाहिए।

एक जिम्मेदार नागरिक देश के सभी कानूनों एवं व्यवस्था का पालन करता है। वह सभी मौलिक अधिकारों और कर्तव्यों का पालन करने का हकदार है; जैसे—वोट डालना, सरकारी करों का भुगतान करना और देश को भ्रष्टाचार से बचाना।

प्रत्येक राज्य या देश अपने नागरिकों को कुछ मौलिक नागरिक अधिकार प्रदान करता है; जैसे—व्यक्तिगत अधिकार, धार्मिक अधिकार, सामाजिक अधिकार, नैतिक अधिकार, आर्थिक अधिकार और राजनीतिक अधिकार आदि। एक अधिकार एक स्वतंत्रता है, जो राज्य द्वारा संरक्षित है, जैसे कि अभिव्यक्ति की स्वतंत्रता और धर्म का अधिकार।

नागरिकों को उनके व्यक्तिगत नैतिक, भौतिक या व्यक्तित्व विकास और सामाजिक जीवन में वृद्धि के अधिकार दिए जाते हैं। उत्तरदायित्व एक नैतिक कर्तव्य है, जिसे व्यक्ति को निभाना चाहिए; जैसे—पुनश्चक्रण, संस्कृति और विरासत को संरक्षित करना आदि। मतदान एक अधिकार और जिम्मेदारी दोनों है।

अधिकार और कर्तव्य

भारत एक लोकतांत्रिक देश है, जहाँ इसके निवासी स्वतंत्र रूप से रहते हैं। देश में लोकतंत्र तभी काम कर सकता है, जब उसके नागरिकों के पास अधिकार और कर्तव्य दोनों हों। अधिकार और कर्तव्य एक सिक्के के दो पहलू हैं, जो हमारे साथ किसी भी घर, समाज, राज्य या देश में साथ-साथ चलते हैं।

> ***भारत एक लोकतांत्रिक देश है, जहाँ इसके निवासी स्वतंत्र रूप से रहते हैं। देश में लोकतंत्र तभी काम कर सकता है, जब उसके नागरिकों के पास अधिकार और कर्तव्य दोनों हों। अधिकार और कर्तव्य एक सिक्के के दो पहलू हैं, जो हमारे साथ किसी भी घर, समाज, राज्य या देश में साथ-साथ चलते हैं।***

देश की एक लोकतांत्रिक व्यवस्था पूरी तरह से अपने नागरिकों को अपने अधिकारों का जश्न मनाने की स्वतंत्रता पर आधारित है। भारतीय नागरिकों को दिए गए मौलिक अधिकार संविधान का एक अनिवार्य हिस्सा हैं। अधिकार सामान्य परिस्थितियों में उल्लंघन योग्य नहीं हैं, लेकिन वे पूर्ण भी नहीं हैं और सार्वजनिक हितों की सुरक्षा के लिए आवश्यक उचित प्रतिबंधों के अधीन हैं। इस तरह के अधिकार सरकार को तानाशाही और दमनकारी होने से रोकते हैं। किसी व्यक्ति के अधिकारों के उल्लंघन के किसी भी मामले में अदालतें उनकी रक्षा और सुरक्षा कर सकती हैं।

भारतीय संविधान अपने नागरिकों को छह मौलिक अधिकार प्रदान करता है, जो इस प्रकार हैं—

- समानता का अधिकार (अनुच्छेद 14–18)
- धर्म का अधिकार (अनुच्छेद 25–28)
- शोषण के खिलाफ अधिकार (अनुच्छेद 23–24)
- संस्कृति और शिक्षा का अधिकार (अनुच्छेद 29–30)
- स्वतंत्रता का अधिकार (अनुच्छेद 19–22)

- संवैधानिक उपचार का अधिकार (अनुच्छेद 32)।

अधिकारों का पूरी तरह से आनंद लेने के लिए नागरिकों को देश के प्रति अपने कर्तव्य को सभ्य तरीके से निभाना चाहिए, क्योंकि एक व्यक्ति के अधिकार और जिम्मेदारियाँ एक-दूसरे से संबंधित हैं। अगर हमारे पास अधिकार हैं तो हमारे पास भी उनके अनुरूप कर्तव्य होने चाहिए। भारतीय संविधान में संरक्षित प्रत्येक नागरिक के अधिकार और कर्तव्य देश की समृद्धि को देखते हुए बहुत मूल्यवान् और परस्पर संबद्ध हैं।

जिम्मेदार भारतीय नागरिक

अधिकारों का पूरी तरह से आनंद लेने के लिए नागरिकों को देश के प्रति अपने कर्तव्य को सभ्य तरीके से निभाना चाहिए, क्योंकि एक व्यक्ति के अधिकार और जिम्मेदारियाँ एक-दूसरे से संबंधित हैं। अगर हमारे पास अधिकार हैं तो हमारे पास भी उनके अनुरूप कर्तव्य होने चाहिए।

26 जनवरी, 1950 को भारत की पहली संसद् द्वारा प्रकाशित व स्वीकृत भारतीय संविधान पुस्तक में अनुच्छेद 51ए के तहत यह विधिवत् बताया गया है कि यह भारत के प्रत्येक नागरिक का कर्तव्य होगा—

- संविधान का पालन करना और उसके आदर्शों एवं संस्थानों, राष्ट्रीय ध्वज तथा राष्ट्रगान का सम्मान करना।
- स्वतंत्रता के लिए हमारे राष्ट्रीय संघर्ष को प्रेरित करनेवाले महान् आदर्शों को सँजोना और उनका पालन करना।
- भारत की संप्रभुता, एकता व अखंडता को बनाए रखना और उसकी रक्षा करना।
- देश की रक्षा करना और ऐसा करने के लिए बुलाए जाने पर राष्ट्रीय सेवा प्रदान करना।
- धार्मिक, भाषायी और क्षेत्रीय या अनुभागीय विविधताओं से परे भारत के

सभी लोगों के बीच सद्भाव और समान भाईचारे की भावना को बढ़ावा देना; महिलाओं की गरिमा के लिए अपमानजनक प्रथाओं का त्याग करना।

- हमारी मिश्रित संस्कृति की समृद्ध विरासत को महत्त्व देना और संरक्षित करना।
- वनों, झीलों, नदियों, वन्य जीवों सहित प्राकृतिक पर्यावरण की रक्षा एवं सुधार करना और जीवित प्राणियों के लिए दया करना।
- वैज्ञानिक स्वभाव, मानवतावाद और जाँच व सुधार की भावना विकसित करना।
- सार्वजनिक संपत्ति की सुरक्षा और हिंसा से बचना।
- व्यक्तिगत व सामूहिक गतिविधि के सभी क्षेत्रों में उत्कृष्टता की दिशा में प्रयास करना, ताकि राष्ट्र निरंतर प्रयास और उपलब्धि के उच्च स्तर तक पहुँचे।
- जो माता-पिता या अभिभावक हैं, 6 से 14 वर्ष की उम्र के बीच अपने बच्चों को शिक्षा के अवसर प्रदान करें।

संविधान की पुस्तक प्रत्येक जिम्मेदारी और कर्तव्य को चित्रित करती है, जिसका एक भारतीय नागरिक से पालन करने की अपेक्षा की जाती है। देश के नागरिक के रूप में हमें सरकार द्वारा प्रस्तुत अपने कर्तव्यों का पालन करना नैतिक और कानूनी रूप से आवश्यक है।

भारत का नागरिक होने के नाते संविधान में उल्लिखित नैतिक दायित्व और कर्तव्यों का पालन आवश्यक है। संविधान में ऐसी प्रतिबद्धताओं को शामिल करना देश की प्रगति, शांति और समृद्धि के लिए महत्त्वपूर्ण है।

इसका क्या मतलब है ?

देश के एक अच्छे व जिम्मेदार नागरिक के रूप में सबसे पहले मौलिक अधिकारों और कर्तव्यों के प्रति जागरूक होना चाहिए। सरकार द्वारा प्रस्तावित सभी नियमों व विनियमों को समझने से प्रत्येक नागरिक को देश के प्रति

अपनी जिम्मेदारियों के निर्वहण में बढ़ावा मिल सकता है। जिम्मेदार नागरिक सिद्धांतों का पालन करके और दूसरों की मदद करके अपने समुदाय को रहने के लिए एक अच्छा स्थान बनाते हैं।

एक नागरिक के रूप में हम सभी राष्ट्र की अच्छी या बुरी परिस्थितियों के लिए जवाबदेह हैं। हमें अपने समुदाय और देश पर सकारात्मक प्रभाव डालने के लिए अपना ध्यान कर्तव्यों के निर्वहण के प्रति लगाने की जरूरत है। एक व्यक्ति द्वारा किया गया एक व्यक्तिगत कार्य जीवन बदल सकता है; लेकिन सहयोगात्मक कार्यों का पूरे राष्ट्र पर सकारात्मक प्रभाव पड़ता है। इसलिए, नागरिकों के कर्तव्यों को एक समृद्ध समाज और समग्र रूप से राष्ट्र के लिए योगदान के रूप में गिना जाता है।

एक नागरिक के रूप में हम सभी राष्ट्र की अच्छी या बुरी परिस्थितियों के लिए जवाबदेह हैं। हमें अपने समुदाय और देश पर सकारात्मक प्रभाव डालने के लिए अपना ध्यान कर्तव्यों के निर्वहण के प्रति लगाने की जरूरत है।

एक जिम्मेदार नागरिक के पास देश में विकास के साथ-साथ समृद्धि व शांति के लिए जिम्मेदारियों और प्रतिबद्धताओं के अंश होते हैं। एक देश तभी फल-फूल सकता है, जब उसके नागरिक एक मजबूत और शक्तिशाली राष्ट्र के निर्माण के लिए पर्याप्त रूप से जिम्मेदार हों। हम सभी अपने देश की सुरक्षा और विकास के लिए जिम्मेदार हैं।

नागरिकता के मायने

नागरिकता के लिए परंपराएँ एवं दृष्टिकोण अलग-अलग देशों, इतिहास, समाज, संस्कृतियों तथा विचारधाराओं के अनुसार पूरे इतिहास और दुनिया भर में भिन्न होते हैं, जिसके परिणामस्वरूप नागरिकता की अवधारणा की कई अलग-अलग समझ होती हैं। अरस्तू के अनुसार, "एक अच्छा इनसान और एक अच्छा नागरिक होना हमेशा एक जैसा नहीं होता।"

नागरिकों को राज्य के मामलों में भाग लेने का कानूनी अधिकार होता

है। जिन लोगों को नागरिक होने का विशेषाधिकार प्राप्त होता है, उनसे अपेक्षा की जाती है कि उनमें 'अच्छे नागरिक' होने के सारे गुण मौजूद हों; क्योंकि भागीदारी को केवल एक अधिकार ही नहीं माना जाता है, उससे पहले एक कर्तव्य का निर्वहण है। एक नागरिक, जो अपनी जिम्मेदारियों को पूरा नहीं करता है, उसे सामाजिक रूप से विघटनकारी माना जाता है।

नागरिकता एक जटिल और बहुआयामी वास्तविकता है, जिसे इसके राजनीतिक व ऐतिहासिक संदर्भ में स्थापित करने की आवश्यकता है। लोकतांत्रिक नागरिकता, विशेष रूप से अधिकारों और जिम्मेदारियों की प्रणाली में व्यक्तियों द्वारा सक्रिय भागीदारी को संदर्भित करती है, जो कि लोकतांत्रिक समाजों में नागरिकों की संख्या है।

नागरिकता की यह अवधारणा नागरिकता की आज की सबसे सामान्य समझ में भी परिलक्षित होती है, जो व्यक्ति और राज्य के बीच कानूनी संबंधों से संबंधित है। दुनिया में अधिकांश लोग एक या दूसरे राष्ट्र के कानूनी नागरिक हैं और यह उन्हें कुछ विशेषाधिकार या अधिकार प्रदान करता है।

नागरिकता की यह अवधारणा नागरिकता की आज की सबसे सामान्य समझ में भी परिलक्षित होती है, जो व्यक्ति और राज्य के बीच कानूनी संबंधों से संबंधित है। दुनिया में अधिकांश लोग एक या दूसरे राष्ट्र के कानूनी नागरिक हैं और यह उन्हें कुछ विशेषाधिकार या अधिकार प्रदान करता है। एक नागरिक होने के नाते कुछ कर्तव्यों को भी लागू करता है, जो राज्य अपने अधिकार-क्षेत्र के तहत व्यक्तियों से अपेक्षा करता है। इस प्रकार, नागरिक अपने राज्य के लिए कुछ दायित्वों को पूरा करते हैं और बदले में वे अपने महत्त्वपूर्ण हितों की सुरक्षा की उम्मीद कर सकते हैं।

हालाँकि, नागरिकता की अवधारणा में कानूनी नागरिकता की तुलना में अर्थ की कहीं अधिक परतें हैं। आजकल 'नागरिकता' एक कानूनी निर्माण से कहीं अधिक है और संबंधित है—अन्य बातों के अलावा—किसी की

व्यक्तिगत भावना से संबंधित है। उदाहरण के लिए, एक समुदाय से संबंधित होने की भावना, जिसे आप सीधे प्रभावित कर सकते हैं।

इस तरह के एक समुदाय को विभिन्न तत्त्वों के माध्यम से परिभाषित किया जा सकता है। उदाहरण के लिए, एक साझा नैतिक संहिता, अधिकारों और दायित्वों का एक समान सेट, सामान्य स्वामित्ववाली सभ्यता के प्रति वफादारी या पहचान की भावना। भौगोलिक अर्थों में 'समुदाय' को आमतौर पर दो मुख्य स्तरों पर परिभाषित किया जाता है, जो स्थानीय समुदाय, जिसमें व्यक्ति रहता है और वह राज्य, जिससे वह संबंधित है, के बीच अंतर करता है।

व्यक्ति और समाज के बीच के संबंध में हम चार आयामों में अंतर कर सकते हैं, जो चार उप-प्रणालियों से संबंधित हैं, जिन्हें कोई समाज में पहचान सकता है और जो इसके अस्तित्व के लिए आवश्यक है—राजनीतिक/कानूनी आयाम, सामाजिक आयाम, सांस्कृतिक आयाम और आर्थिक आयाम।

व्यक्ति और समाज के बीच के संबंध में हम चार आयामों में अंतर कर सकते हैं, जो चार उप-प्रणालियों से संबंधित हैं, जिन्हें कोई समाज में पहचान सकता है और जो इसके अस्तित्व के लिए आवश्यक है—राजनीतिक/कानूनी आयाम, सामाजिक आयाम, सांस्कृतिक आयाम और आर्थिक आयाम।

नागरिकता का राजनीतिक आयाम राजनीतिक व्यवस्था की तुलना में राजनीतिक अधिकारों और जिम्मेदारियों को संदर्भित करता है। इस आयाम का विकास राजनीतिक व्यवस्था के ज्ञान और लोकतांत्रिक दृष्टिकोण एवं भागीदारी कौशल को बढ़ावा देने के माध्यम से होना चाहिए।

नागरिकता के सामाजिक आयाम का संबंध समाज में व्यक्तियों के बीच के व्यवहार से है और इसके लिए कुछ हद तक वफादारी एवं एकजुटता की आवश्यकता होती है। इस आयाम के विकास के लिए समाज में सामाजिक कौशल और सामाजिक संबंधों का ज्ञान आवश्यक है।

नागरिकता का सांस्कृतिक आयाम एक सामान्य सांस्कृतिक विरासत की चेतना को दरशाता है। इस सांस्कृतिक आयाम को सांस्कृतिक विरासत और इतिहास तथा बुनियादी कौशल (भाषा क्षमता, पढ़ने व लिखने) के ज्ञान के माध्यम से विकसित किया जाना चाहिए।

नागरिकता का आर्थिक आयाम एक व्यक्ति और श्रम एवं उपभोक्ता बाजार के बीच संबंधों से संबंधित है। इसका अर्थ है—काम करने का अधिकार और न्यूनतम निर्वाह स्तर। आर्थिक कौशल (नौकरी से संबंधित तथा अन्य आर्थिक गतिविधियों के लिए) और व्यावसायिक प्रशिक्षण इस आर्थिक आयाम की पूर्ति में महत्त्वपूर्ण भूमिका निभाते हैं।

नागरिकता के ये चार आयाम समाजीकरण प्रक्रियाओं के माध्यम से प्राप्त किए जाते हैं, जो स्कूल में; परिवारों, नागरिक संगठनों, राजनीतिक दलों के साथ-साथ संघों, जनसंचार माध्यमों, पड़ोस और सहकर्मी समूहों के माध्यम से होते हैं।

नागरिकता के ये चार आयाम समाजीकरण प्रक्रियाओं के माध्यम से प्राप्त किए जाते हैं, जो स्कूल में; परिवारों, नागरिक संगठनों, राजनीतिक दलों के साथ-साथ संघों, जनसंचार माध्यमों, पड़ोस और सहकर्मी समूहों के माध्यम से होते हैं। कुरसी के चारों पैरों की तरह प्रत्येक व्यक्ति को चार आयामों का संतुलित और समान तरीके से अभ्यास करने में सक्षम होना चाहिए, अन्यथा पूर्ण नागरिकता असंतुलित हो जाएगी।

जब हम एक समुदाय का हिस्सा होते हैं तो हम समुदाय को प्रभावित कर सकते हैं, इसके विकास में भाग ले सकते हैं और इसकी भलाई में योगदान कर सकते हैं। इसलिए, नागरिकता को एक प्रथा के रूप में भी समझा जाता है—हमारे समाज में सक्रिय भूमिका निभाने की प्रथा। ऐसी भागीदारी हमारे पड़ोस में, औपचारिक या अनौपचारिक सामाजिक समूह में, हमारे देश में या पूरी दुनिया में हो सकती है। सक्रिय नागरिकता की अवधारणा का तात्पर्य

समुदाय के सभी सदस्यों के जीवन को बेहतर बनाने के लिए भागीदारी के माध्यम से अपने समुदाय की बेहतरी की दिशा में काम करना है। लोकतांत्रिक नागरिकता एक निकट से संबंधित अवधारणा है, जो इस विश्वास पर जोर देती है कि नागरिकता लोकतांत्रिक सिद्धांतों एवं बहुलवाद, मानवीय गरिमा के सम्मान और कानून के शासन जैसे मूल्यों पर आधारित होनी चाहिए।

नागरिकता, भागीदारी और मानवाधिकार

प्रत्येक व्यक्ति को समुदाय के सांस्कृतिक जीवन में स्वतंत्र रूप से भाग लेने, कलाओं का आनंद लेने और वैज्ञानिक उन्नति तथा इसके लाभों में हिस्सा लेने का अधिकार है। मानवाधिकारों की सार्वभौम घोषणा का अनुच्छेद-15 एक राष्ट्रीयता के अधिकार, अपनी राष्ट्रीयता को बदलने के अधिकार और राष्ट्रीयता से वंचित न होने के अधिकार को मान्यता देता है।

अंतरराष्ट्रीय मानदंडों के संदर्भ में—"'राष्ट्रीयता' और 'नागरिकता' आमतौर पर समानार्थक रूप से उपयोग किए जाते हैं। राष्ट्रीयता एक व्यक्ति और एक राज्य के बीच एक विशिष्ट कानूनी संबंध को संदर्भित करती है, जिसे उस राज्य द्वारा मान्यता प्राप्त है। 'राष्ट्रीयता' और 'नागरिकता' शब्द पर्यायवाची हैं।"

"'राष्ट्रीयता' और 'नागरिकता' आमतौर पर समानार्थक रूप से उपयोग किए जाते हैं। राष्ट्रीयता एक व्यक्ति और एक राज्य के बीच एक विशिष्ट कानूनी संबंध को संदर्भित करती है, जिसे उस राज्य द्वारा मान्यता प्राप्त है। 'राष्ट्रीयता' और 'नागरिकता' शब्द पर्यायवाची हैं।"

प्रत्येक देश में व्यक्तियों के दैनिक जीवन के लिए इसके निहितार्थ के कारण राष्ट्रीयता का अधिकार अत्यंत महत्त्वपूर्ण है। किसी देश का एक मान्यता प्राप्त नागरिक होने के कई कानूनी लाभ हैं, जिनमें शामिल हो सकते हैं—वोट देने का अधिकार, सार्वजनिक पद धारण करने का अधिकार,

सामाजिक सुरक्षा, स्वास्थ्य सेवाओं, सार्वजनिक शिक्षा, स्थायी निवास, अपनी भूमि का अधिकार या सामूहिक रोजगार।

यद्यपि प्रत्येक देश यह निर्धारित कर सकता है कि उसके नागरिक कौन हैं और उनके पास कौन से अधिकार तथा दायित्व हैं, अंतरराष्ट्रीय मानवाधिकार उपकरण नागरिकता विनियमन पर राज्य की संप्रभुता पर कुछ सीमाएँ लगाते हैं। विशेष रूप से, गैर-भेदभाव के सार्वभौमिक मानवाधिकार सिद्धांत और यह सिद्धांत कि राज्य-विहीनता से बचा जाना चाहिए, नागरिकता पर राज्य के विवेक को बाधित करता है।

राजनीतिक और सांस्कृतिक जीवन में भागीदारी एक मौलिक मानवाधिकार है, जिसे कई अंतरराष्ट्रीय मानवाधिकार संधियों में मान्यता प्राप्त है, जो मानवाधिकारों की सार्वभौमिक घोषणा से शुरू होती है, जो सरकार एवं स्वतंत्र चुनावों में भाग लेने का अधिकार प्रदान करती है, इसमें भाग लेने का अधिकार प्रदान करती है।

राजनीतिक और सांस्कृतिक जीवन में भागीदारी एक मौलिक मानवाधिकार है, जिसे कई अंतरराष्ट्रीय मानवाधिकार संधियों में मान्यता प्राप्त है, जो मानवाधिकारों की सार्वभौमिक घोषणा से शुरू होती है, जो सरकार एवं स्वतंत्र चुनावों में भाग लेने का अधिकार प्रदान करती है, इसमें भाग लेने का अधिकार प्रदान करती है। समुदाय के सांस्कृतिक जीवन, शांतिपूर्ण सभा और संघ का अधिकार तथा ट्रेड यूनियनों में शामिल होने का अधिकार। भागीदारी भी मानव अधिकारों का एक प्रमुख सिद्धांत है और सभी लोगों के लिए प्रभावी लोकतांत्रिक नागरिकता के लिए एक शर्त भी है।

मानवाधिकारों के पूर्ण स्पेक्ट्रम के बिना भागीदारी करना असंभव नहीं तो मुश्किल हो जाता है। खराब स्वास्थ्य, शिक्षा का निम्न स्तर, अभिव्यक्ति की स्वतंत्रता पर प्रतिबंध, गरीबी और इसी तरह सभी प्रक्रियाओं व संरचनाओं में भाग लेने की हमारी क्षमता पर प्रभाव डालते हैं, जो हमें और हमारे

अधिकारों को प्रभावित करते हैं। समान रूप से, भागीदारी के बिना कई मानवाधिकारों तक पहुँचना मुश्किल है। यह भागीदारी है, जिसके माध्यम से हम मानवाधिकारों पर आधारित समाज का निर्माण कर सकते हैं, सामाजिक सामंजस्य विकसित कर सकते हैं, निर्णय लेनेवालों को प्रभावित करने के लिए अपनी आवाज सुन सकते हैं तथा परिवर्तन प्राप्त कर सकते हैं।

प्रत्येक व्यक्ति को अपने देश की सरकार में प्रत्यक्ष रूप से या स्वतंत्र रूप से चुने हुए प्रतिनिधियों के माध्यम से भाग लेने का अधिकार है। नागरिकता से संबंधित बहुत सी चर्चाएँ नागरिकों की बढ़ती भागीदारी और लोकतांत्रिक समाज की प्रक्रियाओं में भागीदारी की समस्या पर केंद्रित हैं। यह तेजी से महसूस किया जा रहा है कि नागरिकों द्वारा आवधिक मतदान या तो अंतरिम अवधि में शासन करनेवालों को पूरी तरह से जवाबदेह बनाने या आम नागरिकों के बीच सशक्तीकरण की भावनाओं को बढ़ावा देने के मामले में अपर्याप्त है। इसके अलावा, कम मतदान आबादी के बीच राजनीतिक उदासीनता के स्तर को दरशाता है, जो लोकतंत्र के प्रभावी कामकाज को गंभीर रूप से कमजोर करता है।

प्रत्येक व्यक्ति को अपने देश की सरकार में प्रत्यक्ष रूप से या स्वतंत्र रूप से चुने हुए प्रतिनिधियों के माध्यम से भाग लेने का अधिकार है। नागरिकता से संबंधित बहुत सी चर्चाएँ नागरिकों की बढ़ती भागीदारी और लोकतांत्रिक समाज की प्रक्रियाओं में भागीदारी की समस्या पर केंद्रित हैं।

सभी को शांतिपूर्ण सभा और संघ की स्वतंत्रता का अधिकार है। इसका एक पहलू समाज के भीतर भेदभाव के निरंतर पैटर्न का परिणाम है— अल्पसंख्यक समूहों के पास अकसर उस देश की औपचारिक नागरिकता हो सकती है, जिसमें वे रह रहे हैं; लेकिन फिर भी, उस समाज में पूर्ण भागीदारी से रोका जा सकता है। समस्या का दूसरा पहलू काम और प्रवास के नए पैटर्न सहित बढ़ते वैश्वीकरण का परिणाम है, जिसके कारण दुनिया भर में

बड़ी संख्या में लोग विदेश में रहते हैं, लेकिन औपचारिक नागरिकता के लिए आवेदन करने में असमर्थ हैं। ऐसे लोगों में आप्रवासी श्रमिक, शरणार्थी, अस्थायी निवासी या यहाँ तक कि वे भी शामिल हो सकते हैं, जिन्होंने किसी अन्य देश में स्थायी निवास स्थापित करने का निर्णय लिया है।

निष्कर्ष

दायित्व की अवधारणा कोई नई नहीं है, खासकर जब भारतीय समाज की बात आती है। लंबे समय से समाज, माता-पिता और देश के प्रति अपना 'कर्तव्य' करने पर जोर दिया गया है। जैसा कि हम सभी जानते हैं कि अधिकार होने पर अंतर्निहित कर्तव्य मौजूद होता है और इसलिए अधिकार व कर्तव्य परस्पर संबंधित होते हैं। मौलिक जिम्मेदारियाँ देश के प्रत्येक नागरिक को यह सुनिश्चित करने के लिए प्रेरित करती हैं कि वे इस तथ्य को पहचानें कि जब संविधान विशेष रूप से उन्हें कुछ मौलिक अधिकार प्रदान करता है तो उन्हें लोकतांत्रिक व्यवहार के कुछ प्राथमिक मानकों का पालन करने की भी आवश्यकता होती है।

> ***दायित्व की अवधारणा कोई नई नहीं है, खासकर जब भारतीय समाज की बात आती है। लंबे समय से समाज, माता-पिता और देश के प्रति अपना 'कर्तव्य' करने पर जोर दिया गया है।***

मौलिक कर्तव्यों के लिए सभी लोगों को भारत के राष्ट्रीय प्रतीकों का सम्मान करने, इसकी विरासत को सँजोने, इसकी मिश्रित संस्कृति के संरक्षण और इसके संरक्षण में सहायता करने की आवश्यकता है। सभी भारतीय समान भाईचारे की भावना को विकसित करने, पर्यावरण एवं सार्वजनिक संपत्ति की रक्षा करने, वैज्ञानिक स्वभाव विकसित करने, हिंसा को त्यागने और सभी क्षेत्रों में उत्कृष्टता के लिए प्रयास करने के लिए बाध्य हैं।

बहरहाल, संविधान के प्रावधानों के अनुसार, लोग इन कर्तव्यों का पालन करने के लिए एक कानूनी कर्तव्य के अधीन हैं। हालाँकि, जैसा कि

निदेशक सिद्धांतों के मामले में होता है, कुछ दायित्वों के साथ विफलता या गैर-अनुपालन की स्थिति में कोई कानूनी दंड नहीं है।

ऐसे कर्तव्य मौलिक कर्तव्य कहे जाते हैं। मौलिक कर्तव्य भी निदेशक सिद्धांतों की तरह हैं, जो प्रकृति में गैर-प्रवर्तनीय हैं। सरकार उनका उल्लंघन करने के लिए नागरिक प्रतिबंध लगाने में असमर्थ है। अनिवार्य रूप से कर्तव्यों को भारत की संस्कृति, पौराणिक कथाओं, धर्मों और परंपराओं से लिया जाता है। ये मूल रूप से भारतीय जीवन-शैली के केंद्र में गतिविधियों को संहिताबद्ध करने की भूमिकाएँ थीं।

ऐसे कर्तव्य मौलिक कर्तव्य कहे जाते हैं। मौलिक कर्तव्य भी निदेशक सिद्धांतों की तरह हैं, जो प्रकृति में गैर-प्रवर्तनीय हैं। सरकार उनका उल्लंघन करने के लिए नागरिक प्रतिबंध लगाने में असमर्थ है।

मौलिक कर्तव्यों के लिए सभी लोगों को संविधान का पालन करने और इसके सिद्धांतों और संस्थानों, राष्ट्रीय ध्वज और राष्ट्रगान का समर्थन करने की आवश्यकता है; स्वतंत्रता के लिए राष्ट्रीय संघर्ष को प्रेरित करनेवाले महान् आदर्शों का सम्मान और पालन करना; भारत की संप्रभुता, एकता एवं गरिमा को बनाए रखने और उसकी रक्षा करने के लिए; शांति और अखंडता को बढ़ावा देने के लिए ऐसा करने के लिए कहा जाने पर देश की रक्षा तथा सेवा करना; और जो माता-पिता या अभिभावक हैं, उनके लिए 6 से 14 वर्ष की उम्र के बच्चे की शिक्षा के अवसर प्रदान करना।

हमारे लोकतंत्र को मौलिक अधिकारों से मजबूत किया गया है, वहीं हमारे समाज को मजबूत करने के लिए मौलिक कर्तव्य आवश्यक हैं। उनका पालन करने से सामान्य बंधुत्व की गारंटी होगी, भारत की एकता एवं गरिमा को मजबूती मिलेगी और जीवन की गुणवत्ता को बढ़ावा मिलेगा। बुनियादी दायित्वों की एक मजबूत समझ भी जरूरी है, क्योंकि हम न केवल दुनिया के सबसे बड़े लोकतंत्र हैं, बल्कि दुनिया के सबसे विविध समाज भी हैं।

इसलिए, ये देश के प्रति अनुशासन और वफादारी की भावना पैदा करने

में मदद करते हैं। लोगों की सक्रिय भागीदारी से राष्ट्रीय लक्ष्यों को प्राप्त करने में मदद मिलती है। कानून की संवैधानिकता तय करने में ये कर्तव्य न्यायालय की मदद करते हैं। उदाहरण के लिए, यदि विधायिकाओं द्वारा बनाए गए किसी कानून को कानून की संवैधानिक वैधता के लिए न्यायालय में ले जाया जाता है, यदि वह किसी मौलिक दायित्व को बल देता है तो ऐसे कानूनों को उचित माना जाएगा।

मौलिक कर्तव्य, उनके गैर-प्रवर्तनीय होने के बावजूद, भारत जैसे लोकतांत्रिक राज्य के लिए अधिक आवश्यक हैं। एक लोकतांत्रिक राज्य तब तक जीवित नहीं रह सकता, जब तक कि उसके लोग सरकार में सक्रिय भूमिका निभाने और देश के सर्वोत्तम हितों के लिए जिम्मेदारी स्वीकार करने में सक्षम न हों।

मौलिक कर्तव्य, उनके गैर-प्रवर्तनीय होने के बावजूद, भारत जैसे लोकतांत्रिक राज्य के लिए अधिक आवश्यक हैं। एक लोकतांत्रिक राज्य तब तक जीवित नहीं रह सकता, जब तक कि उसके लोग सरकार में सक्रिय भूमिका निभाने और देश के सर्वोत्तम हितों के लिए जिम्मेदारी स्वीकार करने में सक्षम न हों।

अपने कर्तव्य का पालन करने के लिए स्वार्थ के कुछ त्याग की आवश्यकता हो सकती है। नागरिकों को स्वैच्छिक रूप से इन कर्तव्यों के निर्वहण में अवश्य भाग लेना चाहिए—

- कानूनों का पालन करें।
- करों का भुगतान समय पर करें।
- जरूरत पड़ने पर साझा सुरक्षा प्रदान करें।
- मतदान के लिए नामांकन करें और सभी चुनावों तथा जनमत-संग्रह में मतदान करें।
- बुलाए जाने पर देश-हितार्थ सेवा दें।
- सड़क दुर्घटनाओं के पीड़ितों की सहायता के लिए जाएँ और बाद

में अदालत में गवाह के रूप में गवाही दें।

- सार्वजनिक स्वास्थ्य अधिकारियों को संक्रामक बीमारियों या महामारी की रिपोर्ट करें।
- सार्वजनिक सेवाओं के लिए स्वयंसेवी बनें।
- समय-समय पर या जरूरत पड़ने पर रक्तदान करें।
- अन्यायपूर्ण सरकार के खिलाफ क्रांति।
- चिकित्सा सहयोग करने का कर्तव्य।
- स्पष्टवादिता का कर्तव्य।
- गुंडागर्दी की रिपोर्ट करने का कर्तव्य।
- आर्थिक जिम्मेदारियाँ निभाना।
- कानूनी अभिभावक के रूप में बच्चों की देखभाल करने का कर्तव्य।
- अनुबंध द्वारा सृजित विशेष कर्तव्य।
- अमानवीय संस्थाओं, जैसे कि जानवरों, नदी, पर्यावरण आदि के प्रति कर्तव्य।
- स्वतंत्रता संग्राम के आदर्शों का पालन करें।
- भारत की संप्रभुता और अखंडता की रक्षा करें।
- आम भाईचारे की भावना।
- मिश्रित संस्कृति का संरक्षण करें।
- प्राकृतिक पर्यावरण का संरक्षण करें।
- सार्वजनिक संपत्ति की सुरक्षा करें।
- उत्कृष्टता के लिए प्रयास करें।
- झीलों, वन्य जीवों, नदियों, जंगलों आदि सहित प्राकृतिक पर्यावरण की रक्षा और सुधार करना।

मौलिक कर्तव्यों की आवश्यकता और महत्त्व

मौलिक कर्तव्यों का उल्लंघन होने की स्थिति में संविधान का अनुच्छेद-51ए इसे संविधान की अवमानना के रूप में वर्गीकृत करता है, जो राष्ट्रीय

सम्मान के अपमान की रोकथाम अधिनियम–1971 के तहत दंडनीय है।

इन कर्तव्यों को नैतिक और सांस्कृतिक आचार–संहिता की तर्ज पर तैयार किया गया था, जिसका पालन लोगों को हमारे देश की संप्रभुता, एकता व अखंडता को बनाए रखने और संरक्षित करने के लिए करना है। यह सरकार को उचित शासन बनाए रखने और एक लोकतांत्रिक समाज के उचित कामकाज को सक्षम करने में भी मदद करता है।

- ये कर्तव्य नागरिकों को एक स्वतंत्र, स्वस्थ एवं जिम्मेदार समाज के निर्माण के लिए एक निरंतर अनुस्मारक हैं और उनसे अपेक्षा की जाती है कि वे लापरवाही से काम न करें और असामाजिक गतिविधियों में शामिल न हों।
- भारत जैसे लोकतांत्रिक देश के विकास के लिए यह अनिवार्य है कि देश में सांस्कृतिक सद्भाव की अखंडता और संवर्धन का सम्मान करते हुए नागरिकों द्वारा सभी मौलिक कर्तव्यों का पालन किया जाए।
- पर्यावरण प्रदूषण न केवल भारतीयों के लिए, बल्कि दुनिया भर में मानवता के लिए चिंता का एक बड़ा कारण बन गया है। जब तक हम सभी अपने पर्यावरण को प्रदूषकों से मुक्त रखने का संकल्प नहीं लेते, तब तक अवांछनीय परिणामों का खतरा बना रहता है।
- देश के कल्याण को बढ़ावा देने और राष्ट्र की एकता को बनाए रखने में मदद करने के लिए मौलिक कर्तव्यों को सभी नागरिकों के नैतिक दायित्वों के रूप में परिभाषित किया गया है। ये कर्तव्य उन दिशा–निर्देशों का प्रतिनिधित्व करते हैं, जिनका नागरिकों को एक लोकतांत्रिक राष्ट्र के कल्याण के लिए पालन करना चाहिए।

राज्य के नीति–निर्देशक सिद्धांतों का उपयोग सामाजिक समानता, आर्थिक समानता और शैक्षिक उत्थान को प्राप्त करने के लिए दिशा–निर्देशों एवं सिद्धांतों को निर्धारित करने के लिए किया गया है। मौलिक अधिकारों, कर्तव्यों और नीति–निर्देशक सिद्धांतों के बीच संबंध को राष्ट्रीय शांति, सुरक्षा एवं कल्याण प्राप्त करने की एक विधि के रूप में समझा जा सकता है।

शक्तिशाली विचार

- दुनिया को बदलने का तरीका व्यक्तिगत जिम्मेदारी और अपने समुदाय में स्थानीय काररवाई करना है।

—जेफ ब्रिजेस

- हर महान् सपना एक सपना देखने के साथ शुरू होता है। हमेशा याद रखें—आपके भीतर दुनिया को बदलने के लिए सितारों तक पहुँचने की शक्ति, धैर्य और जुनून है।

—हेरिएट टबमैन

- आप जो करते हैं, उससे फर्क पड़ता है और आपको यह तय करना होगा कि आप किस तरह का अंतर बनाना चाहते हैं।

—जेन गुडालो

- आप मौजूदा वास्तविकता से लड़कर चीजों को कभी नहीं बदलते। कुछ बदलने के लिए एक नया मॉडल बनाएँ, जो मौजूदा मॉडल को अप्रचलित बना दे।

—रिचर्ड बकमिंस्टर फुलर

- कितना अद्‌भुत है कि किसी को भी दुनिया को बेहतर बनाने के लिए एक पल की प्रतीक्षा करने की आवश्यकता नहीं है।

—ऐनी फ्रैंक

- अपना कोना चुनें; इसे ध्यान से, तीव्रता से और अपनी क्षमता के अनुसार चुनें और इस तरह आप दुनिया को बदल सकते हैं।

—चार्ल्स ईमेस

- अगर आपको कुछ पसंद नहीं है तो इसे बदल दें। यदि आप इसे नहीं बदल सकते हैं तो अपना दृष्टिकोण बदलें।

—माया एंजेलो

- दूसरों के उत्थान में हमारा उत्थान निहित है।

—रॉबर्ट इंगरसोल

- दया का कोई भी कार्य कितना भी छोटा क्यों न हो, कभी भी व्यर्थ नहीं जाता।

—ईसप

- यदि आप सौ लोगों को नहीं खिला सकते हैं तो एक को खिलाएँ।

—मदर टेरेसा

- हर अच्छा नागरिक राष्ट्र की शक्ति में बढ़ोतरी करता है।

—गॉर्डन बी हिंकले

- हमारे इस गणतंत्र में एक अच्छे नागरिक की पहली आवश्यकता यह है कि वह अपना वजन खुद खपचने में सक्षम और इच्छुक हो।

—थियोडोर रूजवेल्ट

- हर अच्छा नागरिक अपने देश के सम्मान को अपना बनाता है और इसे न केवल कीमती, बल्कि पवित्रता के रूप में सँजोता है। वह इसके बचाव में अपने जीवन को जोखिम में डालने के लिए तैयार है और इस बात से अवगत है कि जब वह यह करता है तो उसे सुरक्षा मिलती है।

—एंड्रयू जैक्सन

- एक अच्छा नागरिक होने के लिए खुद को दूसरे लोगों के स्थान पर रखने और बड़ी तसवीर देखने में सक्षम होना महत्त्वपूर्ण है। यदि आप जो कुछ भी देखते हैं, वह आपकी अपनी पहचान में निहित है तो यह मुश्किल या असंभव हो जाता है।

—एली पैरिसर

- मुझे लगता है कि केवल वही सुनना पहले से कहीं अधिक आसान है, जो आप सुनना चाहते हैं। यह एक अच्छा नागरिक नहीं बनाता है।

—एली पैरिसर

- हर कोई दुनिया को बदलने के बारे में सोचता है; लेकिन कोई खुद को बदलने के बारे में नहीं सोचता।

—लियो टॉलस्टॉय

- जिस दुनिया को हमने बनाया है, वह हमारी सोच की एक प्रक्रिया है। हमारी सोच को बदले बिना इसे बदला नहीं जा सकता।

—अल्बर्ट आइंस्टीन

- कल मैं होशियार था, इसलिए मैं दुनिया को बदलना चाहती थी। आज मैं बुद्धिमान हूँ, इसलिए मैं अपने आप को बदल रही हूँ।

—रुमिस

- मनुष्य का अंतिम माप वह नहीं है, जहाँ वह आराम और सुविधा के क्षणों में खड़ा होता है, बल्कि वह चुनौती के समय में खड़ा होता है।

—मार्टिन लूथर किंग, जूनियर

- आप जीवन में कितनी दूर जाते हैं, यह इस बात पर निर्भर करता है कि आप युवाओं के साथ कोमल हैं, वृद्धों के साथ दयालु हैं, प्रयास के प्रति सहानुभूति रखते हैं और कमजोर व मजबूत के प्रति सहनशील हैं। क्योंकि किसी दिन आपके जीवन में आप ये सब होंगे।

—वाल्टर स्कॉट

- शिक्षा शक्ति है। लोगों के साथ संवाद करने में सक्षम होना शक्ति है। ग्रह पर मेरा एक मुख्य लक्ष्य लोगों को खुद को सशक्त बनाने के लिए प्रोत्साहित करना है।

—ओपरा विनफ्रे

- नागरिक जुड़ाव बहुत महत्त्वपूर्ण है। हम सब यहाँ एक साथ रहते हैं और हमें एक-दूसरे का खयाल रखना चाहिए।

—एलिजाबेथ गोरेहम

- कोई फर्क नहीं पड़ता कि लोग आपको क्या कहते हैं! शब्द और विचार दुनिया को बदल सकते हैं।

—एन.एच. क्लेनबाम

□□□